李大霄投资战略

LIDAXIAO
INVESTMENT STRATEGY

李大霄◎著

精装版
HARDCOVER EDITION

经济日报出版社

李大霄简介：

现任中国证券业协会证券分析师与投资顾问专业委员会委员、上海证券交易所专家库成员、人民日报海外网财经频道“理论班”特约专家，新华社瞭望智库成员、北京电视台智库成员、英大证券首席经济学家、英大证券研究所所长等，曾经获中国证券业协会多个奖项、上海证券报坚持不懈奖、中金在线颁发的最独立客观分析师奖、最具社会责任评论家奖、最受欢迎独立评论家奖等。坚持客观与真实，不受权威与商业利益所左右，坚持研究独立性，多次成功预测市场。其代表性观点如下：6124需要淡泊，1664需要勇气；2132是“钻石底”，5178是“地球顶”，2850是“婴儿底”。

主要研究成果及著作

2007年11月在中国证券报发表《A股长期估值顶部可能已经形成》

2008年10月在中国证券报发表《A股融冰之旅已经启程》

2010年出版《超越人性——穿越牛熊的投资智慧》

2011年出版《李大霄投资战略》

2014年在上海证券报发表《A股真实牛市启程》

2015年6月16日接受金融界采访发布观点《李大霄烙定5178点“地球顶”？A股泡沫超越历史》

2015年8月27日22：47分在成都首创“婴儿底”

我认为，

越是在行情选择方向的时候，

越是在飘忽不定的关口，

越是需要分析员分析方向的时候，

一个鲜明的观点与判断才是真正有价值的，

任何模棱两可的判断，

任何搞糨糊的观点，

对听众并没有任何帮助，

仅仅是浪费了听众的时间，辜负了粉丝的信任。

我坚定地认为，

生命是异常宝贵的，

我不愿意在模糊中浪费……

李大霄

★投资不同于赌博，成功不是靠运气，而是靠知识。

——经济学家　茅于轼

★人性不变，周期不改。超越人性，笑看人生，最后的胜利者永远都是乐观者。

——全国政协委员、中央财经大学证券期货研究所所长　贺强

★找到适合自己的，才是盈利之道。投资切忌人云亦云，每个人的资金状况、承受风险的能力、操作技术等不同，就会有不同的策略。本书用朴实的语言，讲述了一种同样朴实但很有实效的思想。

——中央财经大学金融学院教授、中国银行业研究中心主任　郭田勇

★良好的心态对于成功非常重要。证券市场中，如果不把股票卖出去，涨跌都是虚幻。用良好的心态面对它，把眼光放长远些，投资的胜算又要大出很多。

——华夏时报总编辑　水皮

★大霄的书讲的其实是投资哲学。只要你抱定“信心、耐心、平常心”，一以贯之，最简单的策略或许就能获利。但能做到人很少。无数经验证明，大凡以“求欢”的心态进入市场的人，最终都是输家。

——中国社会科学院金融重点实验室主任　刘煜辉

投资如做人　品德与技术并重

叶　檀

很少见李大霄先生，但知道他是个踏实而有主见的人。不要以为这只是泛泛夸奖，在各种利益的逼迫下，证券市场能坚持主见的研究者不多。

看看李大霄先生的履历，人们会误以为他只是个出色的预言家——2000年中期提出“摘荔枝”，2005年中期提出“播种”，2006年提出“不拔青苗”，2007年提出“摘熟苹果”，2008年提出“保护胜利果实”，2009年融冰之旅已经启程，2010年融冰之旅需要坚持，2011年融冰之旅渐入佳境，2012年在股市仍旧一片悲观时提出“钻石底”，2015年5月，在股市疯狂时又预言“地球顶”的到来，8月底当股市一片迷茫时又提出“婴儿底”。

任何事情看后视镜回头分析容易，做预言难。事后分析体现的是后见之明，事前分析并且准确预言体现的是对于市场规律、对于现实状况的把握，更容易被臭鸡蛋与烂番茄袭击。

每个投资者都会背诵“在别人恐惧时贪婪、在别人贪婪时恐惧”，但什么时候到了该贪婪的时候，是在沪综指4000点时贪婪，还是跌到3000点时贪婪，各花入各眼。因此，尽管李大霄先生在证券市场有着良好的声誉，人们依然将信将疑，因为人性在任何时候都是贪婪与恐惧并存。

2009年的融冰之旅寒气逼人，2010年提出融冰之旅需要坚持，

2011 年融冰之旅渐入佳境，2012 年在股市仍旧一片悲观时提出“钻石底”，投资者狐疑不定，因为此时在融资、再融资的逼迫下，中国证券市场的表现在全球垫底，与陷入主权债务危机的希腊等国为伍。而 2015 年股灾之后，股指来回震荡、分化严重，没有明确的预期，此时提出“婴儿底”，并不讨好。

笔者坚信，从长周期来看，李大霄先生是正确的，作为体量庞大的经济体，蓝筹股处于历史估值底部，这与中国的经济体量与发展成果不匹配，也与中国活跃的民间资金不匹配。中国证券市场未来将有一轮大飞跃行情，股市必然跑赢楼市。正如日本与香港在经济起飞之后都伴随着证券市场的腾跃。但没有人知道，中国转型期需要多长时间，也没有人知道，随着业绩的下滑，A 股的主要指标会发生怎样的变化。预期，需要对中国宏观经济、企业赢利、货币政策以及市场曲线同时做出判断，这是非常艰难的工作。

从短周期来看，市场底部的信奉者将付出坚韧的代价，甚至要做好偶尔亏钱的准备。理由很简单，从 2010 年开始，中国传统行业进入紧缩周期，证券市场被赋予了更多的社会责任，从为银行等大型企业补充资本金、到为创新型企业解决融资难，甚至挤除资产价格泡沫、抑制通货膨胀，都成为证券市场的重要任务。所以，到了市场底部，什么时候能腾飞，实在难料。

来看看美国市场的先例。

美国证券市场完整地诠释了股市是经济晴雨表的含义。道琼斯指数围绕 1000 点争夺了 17 年。1966 年 1 月 18 日，道指盘中最高触及 1000. 50 点，直到 1982 年 12 月，才成功翻越 1000 点，并一直保持。其中 1972 年和 1976 年，道指突破千点全部回落。

另一场惨烈的道指万点争夺战从 1999 年延续至今——自 1999 年 3 月 16 日首次盘中触及 10000 点以来，道指先后 63 次突破然后跌破这一关口；2010年6月29日，道指报收于10138．52点，仍在万点之间打转，道琼斯指数的万点争夺战远未结束。

第三场战役来自于对2008年以来金融危机的抵抗，从2009年以后，由于量化宽松、上市公司回购股票等举措，美国进入了一个大牛市。

虽然短期存在争议，但李大霄先生的长期判断基本毋庸置疑，更重要的是，他是个值得信赖的朋友。每个人都希望自己的朋友能够荣辱与共，携手共度，人生最可怕的是关键时刻有个施冷箭的朋友，就冲着李大霄先生每次关键时刻坚守理念、甚至放弃眼前利益在所不惜，这样的人，就值得交。

对于证券市场而言，李大霄先生具备最关键的素质，一是对市场的热爱，二是勤奋与刻苦，三是一以贯之的逻辑。

一次笔者与李先生共同出席东莞某个论坛，一脸敦厚的他眉飞色舞讲述证券市场规律，令人印象深刻。这位与中国证券市场共同成长的人对于市场的无比热爱，他的表情、他论述的细节无法造假，每天的阅读与分析，每天十几个小时工作数十年，已经印证了他的刻苦。

很多人相信存在平时袖手无事的天才，所谓龙居于野而能一鸣惊人，这一套罗曼蒂克的调调在证券金融市场根本行不通，没有一个研究者可以离开市场数年不闻不问还能保持市场的敏感度。职业精神必须体现在坚守中，没有对行业的热爱不可能做到这一点，没有对行业的热爱与辛苦，对市场的正确敏锐度很快会消失。

同样重要的是，李大霄先生的分析逻辑与框架从未改变，资金流动性、估值、行业分析等等，并且要随时根据市场变化更新变量与数据。说来容易做来难，大道至简。一次分析错误，很多人会全盘推翻分析框架，甚至希望有神仙推荐股票，能够几十年如一日地坚持分析、检验自己的分析框架，这是平凡生活中的伟大。本书是作者长期分析的结果，用一句话说，它浸淫了几十年的市场化，中国特色市场以及作者的品格尽在其中。

希望人人都能坚守。

读者肯定希望具体看到分析框架，看到分析框架中体现什么样的市场理论，体现作者什么样的人品，这不，来了。

2015 年 11 月

[目录]

□第五部分　我眼中的大势

□第六部分　“钻石底”到“地球顶”，再到“婴儿底”

□附录　媒体聚焦

第一部分：有的人冲动，有的人沉稳

有的人冲动，有的人沉稳，有的人处世果断，有的人犹豫不决，每个人的生活经历是有区别的。不同的心理素质给股票的操作带来非常大的影响。

投资品种的选择与风险偏好

投资品种的选择有很多。有高风险的，有低风险的，根据自己的投资特点，你想挣多少钱，这是有很多区别的。高风险有什么，中风险有什么，低风险有什么，极低风险有什么；什么东西好，什么东西不好。这些都没有一个统一的标准。只能说哪种品种适合哪类投资人。

具体来说，**投资品种大体上可以分为下面几种：**

极高收益高风险：高杠杆特性产品如期货、外汇、权证；

高收益高风险：三板、创业板、三线股、二线股；

中收益中风险：蓝筹股、股票型基金、指数型基金、混合型基金；

低收益低风险：国家债券、企业债券、债券型基金、保险产品；

极低收益极低风险：货币型基金、银行存款。

股民的风险意识、风险偏好和风险控制行为，均与炒股业绩之间存在显著的正相关关系。也就是说，总体看来，风险控制行为能力越强、风险偏好和风险意识越高的散户，炒股业绩越好。

进一步把股民的风险意识、风险偏好和风险控制行为划分为高、中和低三个水平（以平均值 ±1 个标准差为单位），结果发现，**不同风险意识、风险偏好和风险控制行为特质水平的散户，在炒股业绩上的确存在差异**。

其中，随着散户的风险控制行为和风险偏好由低到高，他们的炒股业绩也越来越好；而在风险意识方面，我们的研究发现，中等强度风险意识的散户的炒股业绩最好。

年龄也是影响投资决策的重要因素。你有没有考虑过这个问题，你的年龄是多少岁，你选择什么样的投资策略，你想挣多长时间的钱，你想挣多少，这些都是很重要的。你是什么年纪，适合什么样的产品，这是第一个应该考虑的问题。

很多人推荐股票，推荐投资产品，没有考虑这个因素。他说："你不理财，财不理你。"确实，但他有没有考虑过这个产品是否适合这个人，包括香港出现的投资者起诉雷曼兄弟事件。这些产品适合什么人，他没有正确清晰的判断。

首先大家要把高风险、中风险、低风险搞清楚。所谓大的判断标准是杠杆率不同，杠杆率越高，风险越高，杠杆率越低风险越低。

外汇的杠杆率是多少？最高是400倍。到底合适不合适，分多少财产在这里，占资金的比例是多少，占资产的比例是多少？关于这些问题非常重要的一点，是你的风险一定不要超过你的资产。400倍是什么概念？你的资产是1，它波动的是400倍，你的资产和风险（波动率）一定要匹配。

我本人的认识是这样：你能把你的财富管理好就不错了，切记要远离杠杆。当你的财富是1，拿400倍的东西放大的话，你需要有能力管400倍的财富。股指期货大概是6到12倍，也有可能是8倍。我认为要把你的杠杆控制到1倍以下，可能要比1倍以上安全。1倍就很不错了，你买股票，1664点买进去，你不管它，现在有可能已经是N倍了。

N倍的概念是什么？比如说你买股票挣了5倍，假设平均年龄是50岁，5倍的话已经比别人多活了250年。这是很了不起的。也就是说，你挣钱的年龄已经是300岁了，因为你把50年的积累放进去的话，已经挣了300年的钱。所以杠杆一定不要放的太大。

这次金融风暴出现的问题是什么？就是因为杠杆太大，美国人是20～30倍，欧洲人是40～50倍，结果出了问题。我们现在还没有杠杆，我们有了杠杆的时候就要注意风险了。

做投资决策首先要“不差钱”

选择投资对象需首先确定目标

进行证券投资决策管理，首先要做的就是确定目标。我做这个投资，我的目标是什么？我要做一个计划，重要的问题是什么？目标定多少都可以，只要是合适的目标就行。

其次，要有风险的承受能力。在做投资之前，这个风险的承受能力一定要定出来。再有，投入资金的多少也一定要定出来。

我认为确定目标最为重要的几点是：力求达到利润指标及可能承受的风险（损失率），准备动用的资金量为多少，是否准备分段投资，以备不测的后续资金状况怎样，投资对象应大致确立与定位。

现金非常多的人和现金非常少的人，其思路和心态是不一样的。现金多的人投资，后续部队非常丰厚，前面投入和后面投入不是一个概念。这种状况和只有一笔钱的人、援兵非常少的情况有很大差别。

后续的资金状况怎样，是决定你投资策略非常关键的一点。你的援军有多少，万一不行了，你后续的援军有没有？后续力量非常重要，如果很少或没有，你就要郑重考虑一下；当然如果你有很多，就无所谓了。决定了这几个方面就可以选择投资对象了。

流程控制非常重要

要能控制决策执行情况，这一点也很重要。决策付诸行动之后，并不是万事大吉，高枕无忧了。若一切在预料之中自然最好，但也可能出现未预料到的问题，因此需要随时掌握执行情况，做好应急措施，不断作出更符合实际的决策。

第一，投资者的财力状况是制订投资计划首先要考虑的问题。

一定要有充足的“弹药”。“不差钱”和“差钱”是大不一样的。用作投资的资金必须是扣除必要的生活费用后的剩余资金。有充足后备的人，比没有任何后备的人心态要好很多。因为后备充足的人对市场的起落不是非常在乎，这是一个根本区别。有的投资人没有把剩余资金准备好，心态往往不会太好。这是一个 1.3 亿人博弈的过程，大家几乎都处在同一水平上，心态稍微弱一点，就会处于劣势。股市上的钱和生活上的钱不能相连，这对于投资者的意义非常重大。

而且，这两种人的投资策略是完全不同。如果对投资收益过分依赖，本金又赔不起，则应以盈利保本及风险较小的投资品种为投资对象。对富裕程度很高的人来说，投资数量大，可采用保守型与激进型相结合的投资组合决策。

第二，投资的时间是否充裕非常重要。

我认识很多退休工人，他们的钱是 50 年甚至 70 年积累起来的。怎样办？这个时候千万不要用激进的方法，而应该把风险比较小的产品作为投资对象，因为投资时间没那么充裕了。时间充裕的人和时间不充裕的人，投资策略是完全不同的。对于时间充裕的人来说，在其他条件具备的情况下，可以做投资性比较强的长线，也可以偏重于投机性比较强的短线。但是我更倾向于投资的策略，因为采用投资的策略，成功的概率非常大。当然，投机也可以成功，但是一定要有技巧。没有充裕时间的人，只能做一些稳健的投资。

第三，年龄是影响投资决策的重要因素。

年轻的时候、中年的时候、年老的时候分别应该怎么投资？这里面是大不一样的。我认为，儿童少年时期的投资决策应该侧重保本目标下的长线策略。青年时代投资决策目标是获大利，决策风格是偏向激进。青年到中年期因有家庭负担而变得谨慎，更多追求稳定收益，因此，中年时代的投资决策可能要兼顾稳定、增值、投机博大利等多方面要求。老年期的投资决策则以获取当前收益或回笼资金为目的。

你拥有时间、年龄和敏捷的程度。每个人的技巧和节奏不一样。有的人看他的样子走路就很慢，频率想高不太可能。有的人走路很快，走路是三步并作一步走的。一位16岁的投资高手，以6000元投入股市，最后挣了3000万。他是什么样的人？他就是年轻，动作非常快。还有一个证券公司的客户，做权证非常快，每天操作频率可达600次。

年轻的时候，我认为可以搏一下。18～20岁，输了一年的工资没有问题，可以再挣。但是到了70岁就不可以了。中年老年的投资状况是有讲究的。你们知道人们财富的顶峰是在多少岁吗？财力最丰富的时候，拥有最高收入的时候是40～50岁，平均年龄是44岁。

第四，心理素质及对风险的态度也会对投资决策产生影响。

有的人非常冲动，有的人非常沉稳，有的人处世果断，有的人犹豫不决，每个人的生活经历是有区别的。不同的心理素质给股票的操作带来非常大的影响。

处事泼辣果断的人，适宜投机与做短线，即选择一些价格波动较大的证券品种为投资对象。优柔寡断，缺乏自信心的人则宜以中长线为主，追求投机，会丧失很多机会。脾气急躁、情绪容易波动的人，以选择阶段性热点为好。情绪稳定又有控制力的人，则选择长期见效的成长股为好。

对风险的态度也会对投资决策产生影响。有的人喜欢风险，有的人厌恶风险。首先你要判断自己属于哪一类的人。一个非常喜欢风险的人，跟一个很厌恶风险的人，在选择股票品种、操作的决策方面是完全不同的。

在现实生活中，优柔寡断的人非常多，缺乏自信心的人也非常多。优点和缺点其实是互补的。这种人比较适合中长线的操作。他们买一个房子要3年，卖一个房子要30年。30年是什么概念，享受升值的时间就会很长。这种人买房子要3年，选择对象要20年，一定离婚率低，就是这样的道理。

还有一种人脾气急躁，情绪容易波动，以选择阶段性热点投资为好。因为股票3天不卖，就非常着急了。我认识一个做事非常干练的女孩，问我做投资多少年比较好。我说做一个中线不错。她问中线是多长时间。我说买三年，她说："我以为3天就是中线。"每个人的概念不同，对于她来讲，可能一个星期叫长线投资。她现在所从事的工作是5分钟就可以完成一个任务，也就养成了这样的习惯，5分钟解决一个工作。她认为3天是中线，1天是短线，1个星期是长线。

情绪稳定又有控制能力的人，则选择长期见效的成长股为好。这是有定力者的策略。

投资，还是投机?

在股票投资市场上，有两大策略：一个是投资，一个是投机。那么，我们到底选择什么样的策略比较好呢?

我认为，投机策略应该在充满投机气氛同时具备投机技巧时选择之；投资策略应该在符合投资条件同时具备投资耐心者选择之。

什么样的环境用什么样策略。具备投机技巧的话你可以选择投机策略。符合投资条件又同时具备投资耐心的人要选择投资策略。这说明什么问题？有的人天性喜欢投机，有的人天性喜欢投资。

从种种的情况来看，投资和投机最重要的问题是什么呢？有几个前提你要搞清楚。

就投机而言，第一个是要有投机氛围，第二个是要有投机技巧。对于投资而言，第一个是要符合投资条件，第二个是要具备投资耐性。两者是截然不同的。

一般来说，股票投资者是高风险追求者，最缺乏的往往就是耐心。这也是拥有财富的初级阶段的投资心理特征。

那么，投机策略和投资策略到底应该选哪个?

我给大家讲一个故事。美国有一个小镇，在这个小镇上，有一个股票经纪人，这个经纪人后来成为小镇的名誉市民。他挨家挨户地敲门，让每个小镇的居民买可口可乐的股票，他认为可口可乐将成为伟大的公司。这个镇的人买了可口可乐公司的股票，结果这个镇的人都成了百万富翁。这个故事说明了什么问题？这是符合投资技巧和投资策略的。这个镇的人不会买股票，但是相信了这个经纪人。这是运用投资策略的典型例子。

还有一个例子。在2008年金融风暴时，在港股市场中，大量内地蓝筹股在以0.2～0.3倍的PB交易，我看到的不是风险，是巨大的机会摆在中国乃至全球的投资人面前。这时候巴菲特出手了，李嘉诚出手了。这是非常大的机会。这就具备了投资条件，因为大量的股票是非常便宜的。下次碰到同样的机会，大概要再等上几十年。

投机和投资的比较，最后真正挣大钱的应该是投资策略。如巴菲特。

每个人的人生观是不一样的。你的人生追求是什么你就选择什么，不可以强求的。要不然你喜欢巴菲特，要不然你喜欢索罗斯。如果你全部都喜欢，那你就是没有搞懂两个人的区别是什么？索罗斯绝对不是巴菲特，巴菲特绝对不是索罗斯。两个人绝对不可混为一谈。

坐轿子还是抬轿子

股票市场有人喜欢抬轿子，有人喜欢坐轿子，“萝卜白菜各有所爱”，任君选择。这是短线投资者和中长线投资者的区别，也是投机策略和投资策略的区别。

对于坐轿子还是抬轿子，我没有个人偏爱。每个人可以根据各自的心理状况、个人素质、性格特点等，来决定是坐轿子还是抬轿子。走路快的就去抬轿子，慢腾腾的就坐轿子，无所谓好坏。

我认识一位投资高手，腿脚不方便，却是一位典型的坐轿子专家。他是一个财务专家，是老国企财务科科长。他买了好股票不动，到现在有着非常丰厚的收益。

我还知道有一个16岁的年轻人，就是一个抬轿子专家。他的资金从6000块钱涨到3000万。16岁的小男孩没有任何高深的理论知识，比大教授还挣钱。年轻人厉害在哪里？他的动作非常快，第一天进去，第二天出来。抬轿子专家看哪只股票是真的涨停板，就追哪只股票，如果第二天继续封停就不动。

窍门在哪里？不是每个人都可以掌握。窍门就是区别，哪些是真的封停，哪些是骗人的封停，这是核心竞争力。封停板有的是真的，假的就让你瘫在那里。财务专家的核心竞争力在哪里？一个企业财务情况对他来说很简单。哪个公司是骗人的，哪个是真的，他能判断出来。这就是核心竞争力。

那么，你在这个市场上，是想抬轿子还是坐轿子呢？我建议大家多坐轿子，少抬轿子。坐轿子怎么坐呢？当你1664需要勇气的时候，坐在这里之后，你就可以非常舒服地坐在摇摇晃晃的轿子上。什么人抬轿子？追高的人抬轿子。抬轿子之际，也能挣，而且有些人还挣了不少。很多人卖了，再买。我不知道坐轿子舒服还是抬轿子舒服，但只要是挣钱的就行。

其实说到底，每个活在这个市场上的人，都有一套属于自己生存的本领。每一位股民都有两招，只不过有的招好使，有的招不好使而已。

可以说，金融危机下的投资思路，应该是证券投资界的一次大考试，每位证券从业人员的大比赛，这次大考试、大比赛是在金融危机的状态下进行的。许多从业人员没有见过这么复杂的危机，没有见过这么大的状况。

我们应该如何进行投资，这是考验一个人的应变能力、考验一个人的深厚底蕴的关键时候。这是一个全球投资人的共同考试，而且是一次没有教科书、没有投资先例、没有任何理论指导的考试。这是在学校里都学不到的知识。比如花旗银行快倒闭了，雷曼兄弟破产了，我们的老师差不多要下岗了。

财富是如何转移的？

财富是可以再分配的，股市投资其实就是一个财富转移的过程。理财很重要，但如何理财更重要。多学一点知识，财富会滚滚而来。这就是我喜欢证券市场的原因。

在市场的运作中，很多人没有考虑过市场的财富到底是怎么转移的。如果把这个问题思考清楚了，在市场的运作中，在财富转移的过程中，有一部分财富会转移到你的口袋里面。如果没有思考清楚，往往会把你的财富转移到别人的口袋里。

那么，财富是如何转移的呢？

投　机	大机构——小机构
	老股民——新股民
	庄家——散户
	高技巧者——低技巧者
	心态好与心态坏者——有耐心与没有耐心者
投　资	上市公司创造财富，共同富裕

以下五点讲的是投机的情况：

1. 大机构——小机构

一般来说，大机构资金雄厚，财富往往由小机构流向大机构。这个道理相信谁都懂，无需多言。

2. 老股民——新股民

一般而言，财富是由新股民向老股民转移。老股民拥有丰富的股市经验和知识，对股市的风险也有了足够的认识。当然也有老股民向新股民转移的，因为有时候老股民不敢买，会错过一波行情。

但是时间长了你会发现，老股民还是会源源不断地享受新股民的进贡。当新股民的时候，往往就是交学费比较多的时候。所以，一定要把财富路径思考清楚。

3. 庄家——散户

一般情况下，做庄成功的话，是散户向庄家转移。做庄失败的话，是庄家向散户转移。很多股民都想着要坐庄，以为坐庄能挣大钱，但坐庄也是非常苦的。

举例来说。日本住友，全世界的多头，挣了不少钱，却在最后一站亏了，财富源源不断地流向了散户；尼克·李森，新加坡巴林银行倒闭的始作俑者，坐庄失败，巴林银行被散户瓜分了。

这就是做庄的结果。好的时候可能很好，但是万一做庄不成功，也是很麻烦的。一方面，股票在那里自拉自唱没有人买，没有人卖，成交量全都是自己倒出来的；另一方面，没有钱又没有办法成交，陷入了一个恶性循环。

所以，不是每个坐庄的都能挣钱。我给投资者的忠告就是：千万不要做庄。做庄有做庄的痛苦。对于散户来讲，则要注意自己不要被庄家消灭。

4. 高技巧者——低技巧者

这个无需多说，财富肯定是由低技巧者向高技巧者转移。低技巧者的钱被转移了，要把技巧提高，其他人才有向你进贡的可能。

5. 心态好与心态坏者——有耐心与没有耐心者

不卖不涨，卖了就涨。为什么会发生这种情况呢？这个道理非常简单——主要是因为心态。

比如某只股票，在某个地方上下振动，振了N次，突破这个顶部是非常艰难的。在这种情况下，一般大多数持股人的心态是：股市到这里反弹了一次，如果再冲到这里，好像差一点就可以解套了；可是，又跌下去了，这很令人恼火，心想下次再到这个点，我就卖了；可是，等下次主力又拉到这一个点位，又舍不得卖了，心想我再等一等，再看一看，结果股价又下去了。

如此反复几轮，人的耐性到了极限，再有耐心的人，也已经被折腾坏了。如果成交的数量足够多的话，悲剧就会发生。这时的成交量接近一个比较大的换手，经过一定数量的统计，这个点位该卖的人大部分已经卖掉了，这时候股票就涨了。

可见，谁挣谁的钱？就是心态好的人挣心态坏的人的钱，有耐心的人挣没有耐心的人的钱。

还有一点讲的是投资的策略。

真正做投资，我们挣的是上市公司的钱。也就是说，上市公司创造财富，投资人与之共同富裕。

上市公司可以分为两种：一种是创造财富，一种是毁灭财富。很多人认为二者没有太多的区分，其实二者间有明显的区别。

很多上市公司从上市开始就在走向毁灭，因为他们在这个股市里面从来不分红，不创造任何回报。我们要支持的是给社会创造价值的公司，因为真正的财富创造者是上市公司。

我们投资者其实一直肩负重任，我们一定是支持为社会做贡献的公司，而不是相反。如果拥有了正确的投资理念，以及致力于与上市公司一起发展，你就达到了一定的境界。

此外，做投资，我们还要深刻理解国家与人民的关系。这其实就是个人利益与国家利益和集体利益的关系。看似简单，如果没理解好，很可能会导致投资的失败。

做投资一定要以国家利益为重。这是一个根本性、原则性的问题。以这点来研判 A 股市场，你研判的准确性可能大大提高。这在中国 A 股市场具有重要的意义。因为我们不是生活在其他国家，而是在中国。中国的情况跟其他市场是不一样的。

接着谈谈投资方法与社会效率。

如何投资才算比较理想，是甲赚乙？还是乙赚丙？相互比赛操作技巧，本职工作的质量又如何保证？这种思维往往会导致在 2000 点是顶还是 3000 点是顶的猜顶游戏中痛失筹码。

其实，如果换一个角度来思考问题，得出的结论也许更加符合实际。甲乙丙谁赚谁的钱，这其实是一种财富的相互转移。愚以为，甲乙丙如果以投资的心态进行投资，或者投资一个成长迅速的企业，随着时间的推移，财富是会增加的。当然，进入的位置是低点的话，就会使心态更加良好。这是为什么我对 1664 点重视的原因。

这样，甲乙丙都非常安心地做好本职工作，整个社会的效率就有可能随之提高了。

交易的最高境界：少交易

有人问：在我没有那么多钱的时候，可以利用交易次数的增多获得更多的收益吗?

这个问题没有定式。但一般来说，资金少的人会不断交易。也就是说，钱少的时候，交易频率是非常高的；钱多的时候，交易频率会逐渐下降。因此，随着资金量逐渐增多，他的交易频率也逐步下降。

交易的最高境界，就是少交易。打个比较通俗的比喻，假如你是一个空仓的人，从 6124 到 1664，你的市值是不变的，但是你的财富在变化——同样买一只股票，可以多买 10 倍，这是多么享受的事情。这类似在房子价格下跌的时候，自己是一个空仓的投资人，你距离你的梦想又靠近了一步。

假如你是 1664 点播下种子，你发现这个种子在发芽、在成长，你会感觉到真有一种生命存在。你的股票在账户里面有一个发芽、开花、长大的过程，那种内心的喜悦会让人很舒服。因此我认为，播种后不交易的那种感觉是最高境界。如果你的投资逻辑、投资思路和投资品种得到验证的话，就会感觉非常好。

交易固然是很令人快乐的事情，但是少交易时候的境界也非常令人愉悦，特别是在你的资金量大的时候，不能短线交易的时候，这种情况是非常明显的。资金量占市场一定比例的时候，就不能进行短线交易了。如果是美国、香港的基金，在市场占的份额非常大，大到一定程度就不能进行短线交易，交易标的也会随之改变。

为此你就可以理解巴菲特先生的做法，可以理解我们国家战略性资金的配量方法。它不单指的是一个时点，而是一个时段，这是一个战略性的配置，这是需要长时间准备的事情。做这个事情的人，要进行长远的规划，不是单靠短时的想法。

从总的情况来看，对于交易频率的问题要有一定的了解。关于交易频率高好还是低好，我给大家的建议是，要根据自己的情况选择，要调整好自己的心态。每个人都有心魔，最大的心魔来自自身，如果和自己的心魔做斗争，那就要不断修炼。

市场的博弈：比体力，比智力

无论对于机构投资人还是散户投资人，股票市场都是一个非常有意思的场所。参与股票市场的投资者，都希望通过买卖股票赚钱，但结果呢？必然是有赚有赔。

这就是市场博弈的结果。

在市场的博弈中，股票市场可以说是一个反映每个人积累的所有东西的比赛场所。

那么，这个比赛场所比些什么呢？

首先，是比你的体力，也就是身体素质的博弈。

经历过“5·30”的人都知道，在大家还在睡梦中的凌晨政策宣布提高印花税，当天股市应声大跌。很多人抱怨“半夜鸡叫”，因为大部分人在第二天早上才得到消息，他们只有1个小时的思考时间，而1个小时的思考时间是远远不够的。其实当天凌晨一两点钟，有些人已经通过网络知道了这个消息，因此他们比别人有更充裕的时间来对市场做出思考和判断。

譬如，如果你是在夜里12点左右，知道关于印花税的消息的。这样，你就有足足12个小时思考问题的时间。经过一晚上的判断，第二天早上全部抛掉，抛掉之后你会有非常充分的时间，再过几天买回来。这就是身体素质的博弈。

身体素质的博弈怎样才能取胜呢？平常要运动，把生活安排好，把身体调理好，把整个状态调整好。你白天不要那么劳累，你身体必然能扛住，碰到特殊情况，你要留出一晚上的时间，去思考明天该怎么做。

这就是身体素质的博弈，有思考时间的人其实已经赢了一步。

其次，也是比你的智力，也就是知识的博弈。

知识的博弈是在一分一毫的差异当中产生的。如果你对知识的掌握程度比别人要高一些，你就已经比别人赢了一步。而如果你对股票市场的知识一知半解，甚至一窍不通，你赢的机会就将大大减小。

我给大家讲一个现在可能是笑话的事情。早期的股民喜欢只做一个市场。比如说上海的投资人只有上海股票投资市场的账户，没有深圳股票投资市场的账户；深圳的投资人只有深圳股票投资市场的账户，没有上海股票投资市场的账户。如果上海的人只有上海股票，深圳的人只有深圳股票，起码机会就少了一半，对另外的市场不了解。

通俗一点说，你有 A 股市场的账户，那你有没有 B 股市场的账户？除了 B 股市场，你有没有 H 股的账户？如果你有 H 股的账户，你是否了解债券市场？除了债券市场，你知道分离债的机会吗？除了分离债，你知道货币市场、权证市场、融资融券、OTC 市场吗？如果这些东西你了解的多一些，就拓宽了自己的知识面，相比不了解这些知识的人，就多了在股票市场中胜出的机会。

股票市场处处都充满了机会，关键是你是否有足够的准备。这些机会不仅仅是 A 股市场的投资人所拥有的，也是全球的投资人共同拥有的。

假如我们的眼界和知识可以扩充一些，从上证深证拓展到香港、美国、日本、澳洲和欧洲等市场，那你就是国际投资者，而不只是 A 股投资人，你的眼界就会拓宽。假如你对这些知识有更多的了解，获利机会将会非常广阔，你投资的心态也就不一样。知识掌握的越多，对你的投资越有帮助。

这就是知识的博弈。

股市赚钱的概率：你必须考全班前 5 名

在股票市场的投资中，并不是所有的人都能赚到钱，有一个概率问题。那么，什么是股票投资的概率呢？

在股票投资过程中，比较通俗的说法是一赚二平七亏，70% 的人亏钱，20% 的人不亏不赚，10% 的人赚钱。而在期货市场，只有 2% 的人才能赚钱。这是什么概念呢？这就是说，从小学到初中到高中到大学到硕士或博士，你要保证能在班上考 5 名以内，才是 10% 以内，才能在股票市场上成为赢家；考第一名，你才可以站出来做期货，你才可能成为赢家。

这就是概率。当然这是一个比喻。

很多人不理解 1 赚 2 平 7 亏的概率。赚钱其实是很难的事情。要在股票市场赚到钱，你必须在股票市场班级考 5 名以内，这是非常难的。

股票市场投资的门槛是很低的。很多早期进入股票市场的人（包括大户、中户、散户），甚至连键盘都不会敲。作为股票市场的投资人，很多人的误区是在于，大部分投资人没有经过学习就入了这一行。他们认为股票太容易做了，比任何行业容易做得多。所以很多医生、工程师都在做股票。

做医生起码要进行 10 年的学习，这才有一点经验，经过 20 年的学习和工作，才可能是比较有经验的医生。一个工程师一般要经过 10 年的训练，才可以成为成熟的工程师。试想一下，新进来的投资人让他做专业工作，比如医生、工程师，结果会怎么样？估计会很难。

香港人将资金门槛的高低作为评价标准，认为钱多的就是专业投资者。而内地股市和香港市场有很大的区别。我们只有20年股市市场的经历，很多人在别的领域积累了大量的财富才进入股票市场，没有很长时间的经验，这就是A股市场的现状。

这就给了很多人一个错觉，就是我不需要考5名以内，照样可以赚钱。为什么这么想呢？2006、2007年入市，钱其实非常好赚，不需要在5名以内，只要你买就可以了。

但是当市场进入深度调整期，情况就变了。股票市场投资人进入的门槛虽然很低，但是他考试成绩必须是全班前5名才可以赚钱。而问题的关键就在于，很多人进入这个市场，并不太清楚只有考前5名才可以挣钱的道理，所以他们往往碰壁。

股票市场是靠什么吸引大家进来的？简单一点说，就是获利效应。有段时间，市场非常好，大盘涨1倍，很多股票可以涨5倍，大盘涨2倍，很多股票可以涨10倍。成功的投资者比其他人的优势在什么地方？如果他有20年来积累的资金，虽然不是最多的，但是他比别人再刻苦一些，他统计数据花的时间多一点，相应地他掌握的数据也会多一些，他考试的时候往前排的概率也会大一些。

在这个领域内，积累的经验和财富要到一定程度，你才可以称为专业投资者。通过统计数据我们可以清楚地知道，看起来门槛很低的事情，其实和当医生、工程师以及其他行业同样需要专业知识。

所以，如果你想在股票市场赚钱，一定要有概率意识，换句话说，一定要树立在股票学习的班上考前5名的意识。

股票市场的生命周期

股票市场中很有意思的事情是：好多股票很长时间不动，一旦动了，一鸣惊人。当然，这其中并不是没有规律可循。

规律一：做股票的长期持有者

有的人把持有不动当做“股神”巴菲特长期投资的秘诀，其实这种观点是不正确的。巴菲特倡导的价值投资，并不是说持有不动。当持有股票远超价值时，可以抛出。当股票跌到一定程度的时候，可以再买进来。比如说，股票跌得更多的话，我们可以买进中石油。但重要的问题是，巴菲特买股票可以等到 10 年或者 10 年以上的时间，如果你有他一样的耐心，可能会成为另一个小巴菲特。

有一个非常典型的成长案例。有一位股东刘先生，曾经买了 400 万股深万科，到现在他的股票已经增值了 N 倍。很多人不了解内情，认为他是一个长期投资者。我们了解到，他之前曾经打报告，想卖股票，但不让他卖，因为他是香港人，卖的话是不符合法规的。富有戏剧性的是，这样反而成就了他。

我透露自己的一个秘密：我看好某只股票，往往要研究很长时间。我非常看好的股票，我研究它至少要 10 年的时间。从它的上市前后到它几任高管的情况，如果你对脉络有非常清晰的跟踪的话，市场一定会给你带来非常丰厚的回报。

规律二：要真正弄清楚什么样的公司才是一个好公司

仍以上面为例。那位刘先生长期持有万科，最后获得了可观的收益。万科是什么公司？它曾经做过影视行业，拍过电视剧，做过商场、超市，卖过矿泉水，什么都做。1988 年，万科开始进入房地产行业，1993 年将大众住宅开发确定为公司核心业务，2006 年业务覆盖到以珠三角、长三角、环渤海三大城市经济圈为重点的 20 多个城市。迄今为止，万科共为 9 万多户中国家庭提供了住宅。经过多年努力，万科逐渐确立了在房地产行业的竞争优势。

万科曾经差一点垮掉，从转行做房地产之后，走上了专业化的道路。万科占中国房地产市场的 2%，就取得了这么大的成功。这就是万科的成功经历。

这也说明了一个道理：你什么都做，可能什么都做不好，成功的概率很小。不要做太多，做成一样就很厉害了。汽车做到丰田就非常好了，银行做到汇丰就非常好了。

规律三：万一做错了，一定要第一时间认错

这是股市上一条铁的纪律，也是做股票的一个非常重要的原则。

以前公司的客户，买了 1 万股亿安科技（现 ST 宝利来 000008）。什么价位买的？100 块钱买的。后来从 128 跌到 100 块钱的时候，问我该怎么办，我的建议是要第一时间卖掉。从 128 块钱跌到 100 块钱不卖，再到 80 块钱、60 块钱、50 块钱、20 块钱，一直到了 4 块钱，赔得血本无归。人的心态往往就是这样的。所以我们在实际操作的时候，一定要有一个止损的概念。

在股票市场上谈赚钱，最基本是要活着。这位客户从 120 块钱到 4 块钱，在股票市场上可能已经活不下去了，已经失去了翻本的本钱。保护本钱的第一个念头应该是“我错了怎么办？”至少要有两个选择。这只股票错了，还有很多股票，还有一个改正的机会。

那么，什么样的股票有改正的机会，什么样的股票改正的机会比较少？很简单，就是好公司给你改正错误的机会大一些，差公司给你改正错误的机会少一些。

我给大家强调的要买好股票就是这个道理。万一出现了上面那位客户出现的情况，当然也不排除以后改正错误的机会，但好股票给他改正错误的机会更大。这就是好股票和差股票的不同。

规律四：每个企业都有自己的生命周期

四川长虹这个公司对老股民来说刻骨铭心。它曾经的口号是扛起中国民族工业的大旗，股票涨幅非常惊人。后来，这面民族工业大旗成为套牢大多数股民的公司。当所有的人都看好这只股票，所有人都买进去，都认为不会跌，结果却跌得很惨。这就是忽视了企业的产品周期。

一个时代有一个时代的变化，工业产品的不断更替是不可避免的。大家还记得 BB 机吗？这个东西现在几乎没人挂在身上了，因为发射台都不存在了。工业企业、工业产品的变化是企业生命周期的变化。每个企业都是有生命周期的，一个企业就是一个生命体。

企业是有生命周期的，开店的不都是百年老店。假如你这个企业是百年老店的话，我认为它的竞争力会领先其他企业很多。你要有非常长远的规划，在股票市场上才可能比其他短视的人活得更长久一些。现在世界上想开百年老店的太少了。很多企业没有百年老店的追求，很多企业的生命周期是 7 年或者 6 年，这也是我们现在社会非常浮躁的重要原因。

那么，什么样的企业生命周期会长一些呢？一般来说，银行的生命周期相对长一些，现在已经有一百年的银行存在；还有一个认为不容易倒的是保险行业，可以穿越一个世纪。

判断买什么行业的股票，一定要清晰地察觉到企业的生命周期。每个企业都是有生命的，每只股票都是有生命的，股票市场大盘也是有生命的。对这个有感觉的人，会感觉到其生命波动的节奏。

我心中的巴菲特：价值投资的典范

一个值得尊敬的人

一提起“股神”，人们就会想到沃伦·巴菲特这个名字。他不是什么明星，也不是什么大腕，但却拥有全球数量最多的“粉丝”；人们对他的投资理念津津乐道，却始终猜不透他投资的战略战术；有人出价200多万美元和这位投资家共进午餐，只为了能得到他两个小时的“言传身教”。

巴菲特的人格非常独立。他也许不需要和任何人交流投资心得。同时，他拥有非常好的耐性，他买的那个股票可能需要等上10年的时间。10年对很多人来说是很漫长的，但对于他来说却并不意味着什么。

巴菲特拥有非常坚强的信念。他有钢铁般的意志，除了挣钱，没有其他的欲望，官职、美女等等对他来讲没有任何吸引力。他住的是两层楼，据说有客人到了他家里以后，只打一个招呼，就自己上楼去了。他就是这样的一个人。

他很节俭，别人从他身上挣钱很难。当然，他从别人身上挣钱的本领天生具备。巴菲特自有巴菲特的聪明之处，他利用股东大会卖东西，每年有上万人听他讲课，聆听他的教诲。他就利用这个时间卖糖果，卖比亚迪汽车，全是上市公司底下的产品。巴菲特先生特别有意思，有一次他在地上捡了1块钱，虽然他自己也觉得不好意思，但他却说：“这是下一个10亿美元的开始。”

他被美国人称为“除了父亲之外最值得尊敬的男人”。巴菲特曾在2006年宣布，将逐渐捐赠他名下99%的财富。巴菲特的子女将继承他的部分财产，但比例并不会太高。巴菲特过去曾经一再表示，不愿意让大量财富代代相传。他说：“我想给子女的，是足以让他们能够一展抱负，而不是多到让他们最后一事无成。”

2006年开始，巴菲特着手把大笔资产捐赠给慈善机构。巴菲特捐献给微软创始人比尔·盖茨及其妻梅琳达·盖茨基金会的股票合计市值大约370亿美元。其他股票，则赠予以巴菲特已故前妻名义创立的苏珊·汤普森·巴菲特基金会，和以他的三个孩子霍华德、彼得和苏珊名义分别创立的慈善基金会。在他的带动下，美国有很多亿万富翁承诺将自己至少一半的财产捐献出来，用于慈善事业。

他曾经说过一句话：如果市场下跌，就会比以前更有吸引力。他说是内心真实的想法。为什么？因为他的功利性非常弱，他是一个正直的人，不说谎话。世界上有一种人不说谎话。为什么呢？因为没有必要。

巴菲特图什么？钱对他来说只是一个符号。当财政部部长，对他来说有意义吗？他认为那是年轻人做的事情，不是我80岁的人需要做的事情。财政部部长有高薪，但对他来说没有必要，没有什么可以诱惑他。

他的思想和全世界大部分人的思想是不一样的。他的境界是什么呢？他挣钱不是为自己，是为社会、为慈善机构挣钱，所以才有这个境界。巴菲特的房子比北京很多普通人的房子都便宜得多，在这个世界上他没有挥霍他赚取的任何东西，他只是把世界上的财富管理了一下，又还回去了。他是一个值得尊敬的人，也只有这样的人才配拥有这么多的财富，世界是公平的。

巴菲特的价值投资理念

在美国的投资史上，巴菲特的地位始终无人可以撼动。他白手起家，从分析和投资股票做起，最终集腋成裘，积累了大量财富。他涉足投资业超过60年，足以证明他致富绝非靠的是一朝一夕的运气。

熟知巴菲特的人总将其称为“习惯的产物”。由于习惯的力量，巴菲特能每天工作9个小时，然后回家吃一顿简简单单的饭——通常就是一个汉堡包或者一道猪扒。巴菲特的老友比尔·盖茨曾经这样评价他：“你知道沃伦每天吃同样的东西都不会腻，这是他的本事。”

巴菲特管理着非常庞大的金融帝国，然而，这么庞大的金融帝国只用了7个半人来运作。半个人指的是请的一个财务人员，只做半天工作。这么精简的管理机构，足见这位“股神”在公司管理上也是一位顶尖高手。

作为“价值投资”的典范，巴菲特个人投资组合的换手率非常低，且选中的公司大多有百年的历史，其中最“年轻”的企业是创立于20世纪中叶的零售公司——沃尔玛。行业分布上，巴菲特更青睐传统行业，个人投资中几乎从未出现过时尚、电信、计算机、互联网、生物科学等发展迅速的新兴行业。以至于有分析人士称，巴菲特更像是股市中的人类学家——“越古老的事物越能引起他的兴趣”。

巴菲特在2009年对投资组合进行了有史以来的最大幅度调整，不仅大幅增持富国银行股票，还将沃尔玛和埃克森美孚纳入持股名单，同时清空了此前持有的美国联合能源公司全部股票。目前在巴菲特个人投资组合中，富国银行成为其头号重仓股，占比率几乎达到四分之一。

巴菲特是有史以来最伟大的投资家，他依靠股票、外汇的投资，成为世界上数一数二的富翁。他倡导的价值投资理论风靡世界。巴菲特的投资理论归结起来就是：在最低价格时买进股票，然后就耐心等待。

巴菲特多年以来不想公布自己的持股。巴菲特也要求他的太太，不准问他买了什么东西。由于他挣了太多的钱，美国国会说一定要把他持有的股票公布出来，要不然你不会知道他买了什么东西。巴菲特决定每年在股东大会上公布一次。他说："平常你不可以问我，如果你问我，会干扰我的思维。"

60 年来，巴菲特一直崇尚的是价值投资。

巴菲特投资理念的精华，归结起来有三句话：

一是不要贪婪。1969 年整个华尔街进入了投机的疯狂阶段，面对连创新高的股市，巴菲特却把手中股票非常冷静地悉数全抛。

二是不要跟风。2000 年，全世界股市出现了所谓的网络概念股，巴菲特却称自己不懂高科技，没法投资。一年后全球出现了高科技网络股股灾。

三是不要投机。巴菲特的一句口头禅是：拥有一只股票，期待它下个早晨就上涨是十分愚蠢的。

金融危机让他把钱花出去了

巴菲特一生当中只有三次花大钱的机会。他最担心的事是股票价格太贵了，在有生之年不能把钱花出去。巴菲特真正花钱的三次，一次是 1973，一次是 1982 年，剩下的就是 2008 年。

2008 年实在是一个非常伟大的年份。因为这一年股市的下跌对于巴菲特来说，下跌得"太好"了。因为他终于在有生之年，第三次把他的钱花出去了。2008 年，他大把地买股票，比如高盛公司、GE 公司、比亚迪公司。当时 8 块钱的比亚迪，根本没有任何人和他争这个价格，他可以把钱尽量花出去。

在这场百年一遇的金融危机中，大部分投资者损失惨重，很多富豪身价大为缩水，不过，也有人躲过了这场灾难，"股神"巴菲特就是其中之一。这得益于这位投资家对风险的洞察和防范能力。

巴菲特凭借敏锐的洞察力，早就发现了次贷的灾难性后果。2003

年巴菲特就清除了所有与次级债有关的金融产品。正是这种对风险一贯的防范意识，使得巴菲特躲过了一次次灾难。他从来不存侥幸心理，只投资可靠而稳健的公司。

我们知道，巴菲特的伯克希尔·哈撒维公司50年来投资了许多公司股票，也包括很多金融公司。但是，这次受次贷危机冲击的公司如雷曼兄弟、AIG等，巴菲特均没有投资，而他重仓持有的美国富国银行，是这次危机中影响最小的美国银行，他还出手收购美联银行。巴菲特的眼光的确令人钦佩。

如果没有合适的投资目标，巴菲特情愿持有现金，这几年巴菲特一直表示没有价格合适可投资的股票，因此手头现金一直超过300亿美元。当股价大幅下跌，投资价值显现的时候，巴菲特就毫不犹豫地出手了。他出资50亿美元购买高盛优先股，出资30亿美元购买通用电气优先股，出资2.3亿美元购买中国比亚迪10%的股份。巴菲特的亿万资产以及其拥有的良好投资声誉，让他有机会向高盛和通用电气提供巨额贷款，坐享10%的年度回报。

巴菲特成为金融危机中股票投资市场上最活跃的投资者，他给危机中的人们以信心，以至于美国两位总统候选人都表示要请巴菲特当财长。

在2008年金融风暴时，巴菲特频频出来表态，说股市已经比较适合投资，而且以身作则，动手买入“优先股”。他也曾因此遭到市场的怀疑。的确，巴菲特在金融风暴中表现出了一些“爱国沙文主义”的态度。不过在市场最低迷的时候，经济巨头出来讲话，也是美国的传统。以往发生重大危机的时候，老摩根就曾经有这样的表态。

我认为，巴菲特太伟大了。因为他能够实现他的诺言，把自己的钱在有生之年花出去。他还号召全美国人买股票，真是非常爱他的国家和人民，真心地希望大家挣钱。他说，今天我的钱和嘴都在股市。

这句话真正体现了他内心的想法。其实大家应当知道，在1664点的时候，建议大家买股票的人是什么样的心地。这样的人是真正以爱国的心态来行动的。

在这场金融危机中，很少有人能像巴菲特那样巧妙利用这场危机。巴菲特先是建议美国政府拯救全美金融业，并公开敦促美国人在市场低迷时购买股票，然后他就大举扑进了市场。巴菲特巧妙布局，使得自己在混乱的市场以及被纳税人救助的公司中照赚不误，从而续写了他作为有史以来最伟大投资者之一的传奇。

我们再来学习巴菲特怎么看中石油，怎样在中石油上投资获利成功，非常精采。

2004年，巴菲特投资5亿美元买入中石油23.39亿股，到2007年持有5年，盈利35亿，增值8倍。他买的时候人们认为这家公司值1000亿美元，但当时市值只有350亿美元，所以他就买了。他卖的时候市值已经是3000亿美元。

大家注意，巴菲特曾说市场如果下跌，它就比以前更有吸引力。判断一个投资者是否是真正价值投资者的标准很简单，就是看他在股市高潮的时候是否选择了抛出股票，在股市低潮的时候是否选择了买入股票。秉承价值投资的投资者，自然会在股市疯狂的时候撤出，而在市场低迷的时候重新进入。

巴菲特卖股票的时候，很多人笑话他，认为巴菲特卖早了。到底卖早了没有？其实巴菲特的股票量很大，卖出是一个区域。

“投机大鳄”索罗斯：风险追逐者

索罗斯其人

很多人不喜欢学习巴菲特，因为买一只股票要等10年，自己哪有那么多时间等。那么我们来学习另外一个人，这个人叫索罗斯。

索罗斯是什么样的人？著名的货币投机家，股票投资者，慈善家和政治行动主义分子。现在他是索罗斯基金管理公司和开放社会研究所主席，是外交事务委员会董事会前成员。他以在格鲁吉亚的玫瑰革命中扮演的角色而闻名世界，在美国以募集大量资金试图阻止乔治·布什总统的连任而闻名。

索罗斯曾有两个显赫的“前科”：1992年冲击英镑和1997年引发亚洲金融危机。现在，他又把目标对准了欧元。

如果你不能学巴菲特，就学他。因为巴菲特太难学了。我不建议大家都学巴菲特，因为如果都学会了，就没有人抬轿子了。

与世人一致推崇巴菲特不同，索罗斯一直是毁誉参半。面对这位曾掀起东南亚金融危机的魔鬼投资大师，马来西亚总理马哈蒂尔曾这样愤懑地感叹道：“我们花了40年建立起来的经济体系，就被这个带着很多钱的白痴一下子搞垮了。”

索罗斯在混乱中求胜。他追逐风险，更准确地说，他是世界上最成功的投机者。他在投资前会仔细分析形势，一旦认为有利可图，他会冒险性地将投入增加到最大。如果发现投资有误，他不怕承认失误，并以最快的速度撤离。他的投资像猎豹捕食一样迅捷。

索罗斯有自己的信念，有钢铁般的意志，有过人的决断能力，一瞬间就可以做出判断。索罗斯比常人要勤奋很多。这就是索罗斯先生的特点，也可以说是优点。

巴菲特和索罗斯：股市中的少林武当派

巴菲特和索罗斯都是国际上首屈一指的大师。那么，他们二人的区别在哪儿呢？

打个比方说，对价值1美元的东西，巴菲特想用40美分或50美分买下，而且非常专注。而索罗斯的投资范围广泛且不受约束。

投资以外，索罗斯的追求更全面、更投入。他与巴菲特都热衷于从事慈善事业。索罗斯的慈善捐款虽然没有巴菲特那样大手笔，但他会通过慈善事业来推行他的价值理念和政治目标。

虽然他很少为自己的慈善事业进行宣传，但你很难不在脑海中形成索罗斯摇旗呐喊的形象。索罗斯为人类贡献知识的梦想一直追随着他，好在投资的巨大成功为他提供了平台。他彻底摆脱了早年出书失败的困窘，一发而不可收，先后出了9本书。

索罗斯先生与巴菲特有一点不同，他的投机性更强。相对而言，巴菲特永远做正面的东西，索罗斯特别喜欢放空，这与他的基金性质是对冲基金分不开的。

市场有两个方向，道德上的东西很少在市场上进行探讨。股票市场就是这样的。巴菲特顺应了大多数人的利益。索罗斯是逆大多数人的方向进行的。大部分人对巴菲特是赞赏，对索罗斯是责骂。

我认为，巴菲特之所以是巴菲特，索罗斯之所以是索罗斯，是因为有着他们各自的独特风格。巴菲特通常被人称作“股神”，他的风格，用几个词来表达就是：独立、耐心、信念；意志、欲望、节俭；勇气、道德、智慧。索罗斯被称为“投机者的偶像”，他的个人特质，用几个词来表达就是：独立、进取、冒险；信念、意志、决断；勇气、道德、智慧。二者有相通的地方，也有截然不同之处。

在股票投资上，巴菲特是典型的价值投资者，索罗斯是典型的价值投机者。一个是投资大师，一个是投机大家。人们对巴菲特的好评基本是一边倒，而对索罗斯则是又爱又恨，毁誉参半。巴菲特是长跑中的胜出者。

索罗斯和巴菲特不一样，这两个人代表了两种不同的思想。索罗斯一天能挣 10 亿英镑，他非常进取，具有超常的冒险精神。而巴菲特先生从来不冒险。

索罗斯的政治观念很强，他的目标是建立开放性的社会，前苏联的解体也有他的功劳。他有他的政治观念，也捐了很多钱。也就是说，他将社会的钱实施到政治理念上，他活在社会上就是做这样的事情。

而巴菲特没有过多的政治理念，巴菲特活在社会上没有任何的负面影响。他其实就是将社会的财富收集起来，进行管理然后还给社会。巴菲特每年只拿很少的年薪，他对这个社会没有任何政治上的概念。

我们不谈政治，只谈怎么挣钱。巴菲特和索罗斯两个人各有优点。巴菲特和索罗斯都具有常人所没有的勇气，索罗斯可以挑战汇率，包括亚洲一些国家的汇率，甚至可以和整个英国的国家银行对抗。而一般人不具备这样的勇气。

"超人"李嘉诚：稳健中求发展

李嘉诚有一个座右铭：稳健中求发展，发展中不忘稳健。

李嘉诚说："为什么我可以保证拥有今天的成功？因为我做事的原则是，我要过一条河的时候，我要等体重比我重一倍的人过去，然后我再过去。"

这说明他是比较稳健的。他看见没有人掉下河去，他再过去，虽然时间有点晚，但绝对可以获得成功。

事业上的成功

巴菲特有70年的经验，李嘉诚应该有60年以上的经验，对股票市场的理解非常清楚。股票市场是什么？房地产市场是什么？这些在李嘉诚心里面再清楚不过了。美林证券专门研究李嘉诚什么时候出手增持、减持他的股票，每增减持一次都要进行一次研究。

我给大家个建议，假如在李嘉诚增持、减持的时候，我们也做增持、减持，那我们的资产就有可能和李嘉诚的资产比例同步。

李嘉诚在2009年4月份的时候说："我判断香港的市场，有两个底部。"同时李嘉诚对香港楼市的走势抱有信心。他说："如果现在口袋有钱。买楼买股票都可以。"意思是说，不要借钱，买楼买股票都是可以的。这是李嘉诚给我们的忠告。

李嘉诚在2007年时特别告诫内地投资人买股票要量力而为。而在2009年初李嘉诚说："可以买一点股票和房子了。"

这表现了李嘉诚具有商业头脑，同时也具有高尚的道德。商业是以商业方式来运作，言论里面还具有比较强烈的帮助大众的愿望。我可以感觉到这一点，这也是我非常敬重、尊重李嘉诚先生的重要原因。

我建议大家多向李嘉诚先生学习。他有非常高的智慧。李嘉诚看人的本领是什么？他小时候做过茶童。茶楼有各式各样的人，他到每个客人面前斟茶的时候观察每个人，从打扮、言行相貌、谈吐等方面就可以判断出，这个人是什么人，是什么状态，有多少钱，可以判断得一清二楚。茶童的工作经验给他带来很多的好处，基础的工作成就了伟大的人物。

任何人的成功不是平白无故获得的。很多成功的人都是从非常低微的工作中慢慢成长起来的。任何人只要努力都可能成功，只是成功的程度和你的努力、自身的素质有很大关系。

教育上的成功

李嘉诚最成功之处除了事业非常成功外，教育也是最成功的。这是我最佩服的一点。事业如此成功，又有两个这么厉害的儿子，所有富豪们都比不过。巴菲特在教育孩子方面不如李嘉诚厉害，盖茨在教育孩子方面也没有李嘉诚厉害。

我认为，一个人真正的成功不是挣钱，而是能不能培养一个合格的继承人。这是一个非常重要的问题。李嘉诚做到了。

第二部分：判断大势的风向标

在股票市场上，有四个风向标：上市公司买卖股票的时机，中石油、汇金公司、社保基金，我认为非常灵验，值得我们重点关注。

股市灵验的四大风向标

在股票投资市场上，有四个风向标我认为非常灵验，值得我们重点关注。

第一个风向标：上市公司买卖股票的时机

股市上有两个长盛不衰的话题，即：什么时候开始买股票？什么时候开始卖股票？

一般来说，上市公司卖股票的时候，就是股价涨到它比较满意的时候，这个时候就是卖股票的时候；当上市公司买股票的时候，就是股价跌到它比较满意的时候，这个时候就是开始买股票的时候。

作为股票市场的一个风向标，这也是我判断1664点需要勇气的指标之一。1664点附近，上市公司大量增持股票，这个时候如果播下的种子，可以给我们带来非常丰厚的回报。虽然当时面临百年一遇的金融危机，但危机就是机会，这个时候我们需要一点勇气，把握住买卖股票的时机。

第二个风向标：中石油

我把中石油和蒋洁敏先生作为一个风向标。

中石油的实力是有目共睹的。2008年，中石油在美国《石油情报周刊》世界50家大石油公司综合排名中居第5位，在美国《财富》杂志2008年世界500强公司排名中居第25位。2010年5月30日，根据英国《金融时报》研究机构的报告显示，中石油当前市值达到3293亿美元（截至2010年3月31日），位居全球500强企业榜首，成为全球市值最大的企业。

中石油在上市伊始，达到48.6元的高位，当时蒋洁敏先生表态，对股价非常满意。而在1664点的时候，中石油开始增持。可见，中石油的行动成为判断股票市场的一个重要风向标。

第三个风向标：汇金公司

汇金公司是国内著名的投资公司之一，直接控股参股金融机构包括六家大型商业银行、两家证券公司、两家综合性机构和一家再保险公司。国外通常称呼为投行，比如著名的摩根大通、高盛、美林证券等等。汇金公司也和它们一样是极具知名度的投资公司。

汇金公司的出手是市场稳定的重要条件。汇金公司虽然名为公司，但有一种观点认为它仍是政府机构，由于国资委不负责管理金融类国有资产，所以汇金公司被认为是“金融国资委”。这个重量级公司一出手，我判断是市场底部的可能性大大增加了。

从汇金公司的投资记录来看，近年高额注资国有大型银行的行动，取得巨额的账面收益，汇金公司的辉煌投资记录可能相当一段时间内很难打破，所以我们并不需要怀疑其投资能力及操作水平。再从汇金公司出手在二级市场中增持三大银行的行动来分析，这是中国证券市场有史以来的首次举动，该行动应该是得到非常高级别层面的决策才有可能做出。汇金公司与政府的这层“特殊”关系，使它成为两市无可争议的风向标。

第四个风向标：社保基金

社保基金是股市的“超级风向标”，一定要特别重视。

我多次强调，不可忽视社保基金入市这个信号。中国仍然是一个政策市，社保基金的入市，对市场可能会起到关键的作用。因为这部分资金入市的区域，有可能是一个低位区域。从历史的角度上来看，社保基金之前还没有失手过。

由于社保基金对于政策的把握能力比较强，因此这部分资金的入市，对市场信心的恢复是有正面作用的。通常社保资金选择的是一个区域，而不是一个时点，随着资金规模的增大，其作用也会日益明显。

我的观点是，当社保基金退出的时候，就是市场的顶部了。6124 点的时候，社保基金在悄然反退，很多人看好 8000 点、10000 点，他们忽视了市场的信号，使很多有名的投资人以及股市英雄全军覆没。而在 1664 后，社保基金又重新进入，增持数目已达 100 亿，以其身份的特殊性和政策动向的把握能力来看，把它作为一个重要信号并不为过。

把眼光更多地放在其他市场

研究股票投资市场的走势，除了要密切观察A股市场之外，还要把眼光更多的放在其他市场，包括货币市场、房地产市场、资源市场、重要商品市场（比如原油及粮食）等等。

事实上，股票市场和货币市场、房地产市场、资源市场、重要商品市场之间有很大的关联。每个国家、每个领域的市场，都有各自不同的特点和走势。我们多观察一些其他国家和领域市场的信息，会比观察单个市场获得的信息量更多一些，对我们的投资思路会有更多的借鉴作用，同时对我们投资A股市场也会有很好的警示意义。

货币市场

我们研判市场，除了看股票市场之外，还要看一个更大的市场——货币市场。与股票市场的成交量相比，货币市场的成交量要大很多。

我们重点谈一下港币。因为我们距离香港很近，港币的波动对我国内地股市的影响非常大，对于港币的走向，会对股市的走势产生非常明显的影响。港币直接关系到H股、A股，是非常重要的联动参考指标。

汇率制度的波动范围很窄，上方和下方通过卖出或者买进美元来维持汇率的稳定。从美元对港币波动的情况可以看出，什么时候需要美元，什么时候需要港元；哪些地方香港政府卖出港元，买进美元，哪些地方是相反的。

就港元来说，从 2010 年的态势来看，已经到了量非常大的状态。也就是说，到了强下方兑换的区域。这说明，香港这阶段的资金非常充裕。对香港的股票和房地产市场会产生很大影响。换句话说，香港的房地产也是非常重要。为什么涨价和香港的钱很多是有很大关联的。

还有美元和黄金的影响力也是非常重要。

房地产市场

随着世界经济形势的发展，美元汇率因为美国政府经济政策的需要，正经历一个阶段性的下跌过程，中国的人民币汇率与美元挂钩政策和中国国内的经济形势不相适应的矛盾逐步显露出来，世界资本市场上的投机货币看准了中国，国内房地产市场成了外汇进入的目标之一。

美国房地产市场也是一个重要的参考指标。我认为，美国房地产价格的走势，将是能否走出这次金融危机的一个非常大的方向标，将是全球复苏的关键因素之一。

我们得出的结论是：在货币增长的情况下，房地产缓慢复苏有助于股市回稳。

关于资源

澳元在这次金融危机之前，是非常便宜的，因为澳洲的资源非常便宜。澳洲的特点是资源丰富，作为重要的资源和农产品出口国，澳洲市场的投资价值日益显现。

与中国的股票市场相比，澳洲股票市场资源股的价格很便宜，而我们的有色金属股票价格相对较贵。

但是资源总会有用完的那天。我建议外汇储备多一些实物和股权的形式，可能更加有利，其他重要的资源也应该加以重视。

重要商品价格走势

重要商品价格的走势，对股票市场的影响也是非常大的。尤其是原油价格和粮食价格，对全球股票市场的意义更大。

首先来看原油价格走势。原油被称为“黑金”，属于大宗商品期货中的代表，所以在某种情况下也有全球经济晴雨表的作用。一般来说，原油价格上涨，股市中相关品种也会跟着涨的。如果经济处于困境，许多热钱会去购买美元以求得安身，因为全世界范围来看，美元仍是世界最重要的安全储备币种。美元和原油的价格一般是反向关系。但原油价格上涨的过程和下跌的过程，往往是不对称的。也就是说，价格上扬的过程往往用很长的时间，但从高位摔下来往往只用非常短的时间。原油价格的走势影响股票市场。

再来看粮食价格走势。2010 年上半年以来，我国农产品价格全面上涨，这将对我国居民消费物价指数产生重大影响，因为食品在居民消费物价指数中所占权重比较大。一方面，对于粮食等农产品价格变化趋势需要高度重视，严防农产品价格上涨所带来的通胀风险；同时，粮食价格变化将进一步影响相应上市公司的业绩变化，从而对股市产生影响。

商品价格会因为货币的增加而上升。但是粮食这个东西除了为投机的人带来利润之外，还有人性的东西，粮价如果太高的话，会将缺乏粮食的人置于不利的生存地位。

在一些非常贫穷的国家，曾经出现过无数令人辛酸的事情。西方有一位摄影师，在获得美国新闻界的最高奖之后仅三个月就自杀了。他自杀的直接原因就是他的获奖照片。照片上，一个苏丹的小孩正在艰难的爬向联合国粮食救济处，沿途被一只贪婪的秃鹫死死的盯着，显然已经快饿死，而秃鹫正在等待着那一刻，期待着美餐。

这张照片引起了世界对非洲贫困问题的重视。这个问题是粮价上扬与地球上仍然有人没有食物的人道义之间的问题，是值得我们思考的一个问题。了解了这些，下次点菜的时候，希望点少一点，把自己所点的东西全部吃掉。要知道，这个世界上还有很多缺乏粮食的人。现在还出现我们的机器和人争粮食的状态，玉米拿来炼乙醇，让机器来烧，这其实都是反人性的做法。我们应先保证人类生存，再来喂机器。

政策动向需要引起高度关注

政策方面的动向是我们研判股票市场非常重要的方向。我们可以用非常显而易见的例子来说明。

重大政策出台的动向

重大政策出台的动向也是非常需要我们关注的。在金融危机中，奥巴马和布兰克费恩先生保证美国不会过快地退出刺激经济体。温总理多次强调，要坚定不移地实施积极的财政政策和适度宽松的货币政策。把这个关系深刻体会一下，你对经济状况的理解就会非常到位。

中国在金融危机最严重时，在全球率先推出 4 万亿元的刺激政策，成功地让中国走出危机，从而成为股市转势的风向标。

关注关键"喉舌"的言论

我们一定要学习《人民日报》、新华社的社论，这些党的"喉舌"给我们指示了正确的方向。当前我国处于经济企稳回升的时期，需要实施宽松的经济政策，并根据国外经济的走势和物价变化，进行动态微调。把这些政策了解清楚了，就不怕了。

一定要站在国家高度上看问题

我们如果站在这个高度去理解，就会很清楚。你要看到的不仅仅是你，还有整个国家的利益。当和国家利益联系到一起时，你的力量就会非常强大。

全流通格局是重大利好

我国股市的历史遗留问题

我国股市成立时制度上比较特殊，一家上市公司发行的股票中有很大一部分不能流通，包括国家股、法人股等等，一般投资者购买的是可以流通的流通股。这就是所谓的“全流通”问题，也即“股权分置”问题。

这就造成了很多问题。比如大股东并不关心股价的高低，因为他们持有的一般都是非流通股，反正不能卖，他们可以做一些对自己有利但对全体股东（公司）不利的事而不必担心股价会跌，比如转移利润、为他人贷款担保等等。有的大股东甚至将流通股东看作是“提款机”，把流通股东出的钱当成不要成本的“善款”。这极大地影响了股市的正常发展。

目前正在进行的“股权分置”改革，就是要让所有的股票都可以自由买卖，也就是“全流通”，让股市在制度上走向完善，让其正常发挥作用。这项改革有很多困难，制度上的、利益上的、操作上的等等，其中之一就是利益的再分配。

非流通股东的持股成本大都很低，而流通股东的成本很高。比如以前的国企改制成股份公司时，按净资产折价为国家股，后来发行流通股时则按几倍于净资产的价格发行，当时由于国家股不能流通，发行时没有太多问题。现在如果都可以买卖了，对流通股东就很不公平，这就需要非流通股东向流通股东支付一定的补偿来获取“流通权”，这就是所谓的支付“对价”。

股票贵在流动性

在股票市场上，流动性是非常重要的。中国市场换手率要比中国香港市场、美国市场多 3 倍，说明我们的流动性是非常充裕的。中国的股票之所以贵，就贵在流动性充裕。

流通股本占总股本的比例关系，是测量市场的一个非常重要的指标。其意义在于，急速增加的流通股比例会改变市场很多东西。市场会因为流通量变大而受压。

另一方面，全流通市场格局的形成，将会促使市场的稳定。因为很多投资者是以投资者的角色来参与市场游戏的，很少以拥有者的身份。而拥有者拥有由权力带来的诸多好处，控制权是控制者毕生的追求，比生命还要珍贵，既得者利益不会轻易放弃。这样，真正意义上的并购重组大戏在中国证券市场上开始演出。

因此，从某种意义上来说，我认为全流通实行之后，对股票市场来说是重大利好。全社会的优质资源会源源不断地流到上市公司里面，以前大部分是筹码，现在股票的成色在慢慢增加了。

估值水平偏高预示摘“熟苹果”

观察股票的估值水平非常重要

我们在对上市公司进行研究时，经常听到“估值”这个词。简言之，所谓“估值”，是指如何来判断一家公司的价值，同时与它的当前股价进行对比，得出股价是否偏离价值的判断，进而指导我们的投资。

然而，股票的价格总是围绕着股票的内在价值上下波动。我们对股票进行估值，目的就是发现价格被低估的股票，在股票的价格远远低于内在价值的时候买入股票，而在股票的价格回归到内在价值甚至高于内在价值的时候卖出以获利。

股票估值是一个相对复杂的过程，影响的因素有很多。

对股票进行估值，可以帮助投资者发现价值被严重低估的股票，买入待涨获利，直接带来经济利益；也可以帮助投资者判断手中的股票是否被高估或低估，以作出卖出或继续持有的决定，帮助投资者锁定盈利或坚定持有以获得更高收益的决心。

估值水平大大偏离常态时要警惕

2000 年至 2001 年，我提出摘“荔枝”。大家知道，2000 年后股价渐渐上涨，股指也达到 2245 点，所以，当时股市高涨、一片乐观，人们热血沸腾纷纷购买股票，我提出了摘“荔枝”，原因就在这里。

2007 年，我又建议大家把握时机摘“熟苹果”。为什么呢？因为经过两年的牛市，大盘从 998 点一路向上冲破 6000 点，很多投资者已经取得丰硕的成果，在市场呈现高估值高风险的态势下，收获的时机已经成熟了。这就是为什么我建议大家摘“熟苹果”的原因。

［备注：荔枝和苹果的区别：荔枝熟了必须马上要摘，要不然就烂在树上了；苹果的成熟期较长可以慢慢摘（2000 年提出摘荔枝意味着股市泡沫马上将会破灭，2007 年中期提出摘熟苹果意味着股市泡沫逐渐形成，但不会马上破灭，可以慢慢收获，最终泡沫于2007 年10 月份破灭）。另外苹果较荔枝大，意味着2007 年的牛市比2000 年大］

所以，估值水平和股价高低不总是一致的。这一点也是我们在进行投资的时候要特别注意的。

碰到重大历史事件：要有提前量

很多股民关心一个问题是：股票市场碰到重大历史事件时该如何操作呢?

我给大家举个例子。2008 年有一个重大历史事件，就是奥运会。认为奥运期间涨的人很多。但是，我在奥运前一年就认为：没有奥运行情，一定要有提前量，提前量最好是 8 ~ 12 个月，最晚也要提前半年。

奥运之前，我曾经做过一个调查。调查结果是：奥运期间，有 1% 的人准备买股票，99% 的人准备卖股票。许多人认为奥运期间会涨，决定在奥运套现。

但是，你想这个时候去设一个圈套把大家套住，就要把钻圈套这个人了解得非常清楚，才可能把别人套住。

打一个形象的比喻：很多人想在奥运的时候捕蝉，没有想到收网的人已经提前准备了 8 ~ 12 个月，想在奥运挣钱的人将被一网打尽，这是当时我为什么判断奥运没有行情的原因。

历史事件和股票市场是不一样的，这就是重大历史事件和股票市场不要联系在一起的原因。需要说明的是，我所说的要有提前量，并不是建议大家利用别人的爱国热情挣钱。我只是说，股票市场和历史事件的走势有不一样的地方。

股市如战场。在这个“战场”上，那些夸夸其谈的人、没有实战经验的人，一个个倒下了。在很多情况下，股票市场并不是我们在书本上看到的那些东西。

股票市场是什么场所？股票市场就是修理自以为是的人的最好场所，股票市场是修理书呆子的最好场所，股票市场是修理光有理论没有实战经验的人的最好场所。下次你们碰到类似奥运的重大历史事件，就要非常小心。

我的建议就是：以后碰到重大历史事件的时候，一定要有提前量。

谈谈 B 股

我一直认为，B 股有很大的投资机会。

B 股有深圳和上海两个市场，深圳市场用港币交易，上海市场用美元。你想买深圳市场的，就换港币，想买上海市场的，就换美元。

先要开一个账户。

我们来研究一下。

国内居民 B 开户有障碍么？没有。就在你所在的开户营业部就行。

人民币换港币有障碍么？没有。

人民币兑换的趋势明确么？明确。我们现在正准备人民币国际结算业务，兑换额度大大放宽。

我们缺乏外汇么？非。我们拥有丰富的外汇储备。我也在各个场合向上建议，藏汇于国改为藏汇于民。

A 股市场的国际化步伐在渐行渐近，提前一步进入 B 股，就领先国人多年了。可以既避免高估值的风险，又享受了经济发展的成果，更加不惧任何融资压力。当然读者是自己承担风险和收益，要自己来做决定。

不过，在有 A 股也同时有 B 股的股票中，如果 A 股都敢买就没有逻辑不敢买相同股票中的 B 股，同样的金钱如果买进更加多的股数就可以获得更加多的分红，只不过追高就没有 1664 点时我满腔热情地推荐的时候好了。事情往往就是这样，现在大家都知道好时，就要付出更加高的成本了。如果确实想买，要先选择股票，股票重于市场，要注意金字塔法则。

B 股的投资要点是，第一，要有坚强的信念，要具备长期抗战的思想准备。如果没有长期计划之读者要三思。因为购买 B 股绝对不是短期计划，所以资金应该是有长期计划之资金。

第二，要选择超值公司，对该公司的分红、成长性要重视，如果觉得同一只股票买 A 股都超值就更加理想。在行业的选择上，要看你是锦上添花型还是雪中送炭型，前者煤炭和地产，后者造纸及电力、钢铁。其中造纸机会比较大。但是逆周期的投资需要时间。

要注意的要点是：A 股股东投资者和 B 股股东投资者结构，A 股市场和 B 股市场中，投资和投机的市场规律，高价股和低价股的投资规律、投资周期、投资理念等等，都不相同。

汇兑损失是一个要考虑之因素，但是有两个方面的对冲风险：其一是外币计价之人民币资产。其二价差足够大的话，看能不能补偿汇兑损失。如果有差距在一倍以上，也许在不是太长的时间内能够补偿一些。

关于 B 股和封基的机会比较，也是很有意思的问题，封基是赚封基与 A 股的折价，而 B 股是赚 AB 之间的折价。

关于读者提出的 A 股 H 股之间的关系，确实有比较大的差距，AH 将是一个相互融合的趋势。H 股的机会也非常大。

现在的 B 股市场，机会仍然大于风险。虽然不排除融冰之旅崎岖，但现在仍然处于回暖的阶段。以 1664 为标志的时点，是百年难遇之机会。这个机会会改变许多勇敢者、有策略者、提前准备者的人生。

中国资本市场有许多制度上的缺陷，但何尝不是这些缺陷造就出巨大的机会？这可是境外市场所不具备的机会。

我的方法其实很简单：6124 需要淡泊，1664 需要勇气，现在需要坚持。

1664 播下好种子，每天就可以踏着舞步去上班了，上班的效率也会提高。重要的事情是不要因为恐惧而丢失了宝藏。一直建议不要过早把种子挖出就是此意。

这是非常个人之观点，仅仅供有缘者参考。

第三部分：有时需淡泊，有时需勇气

6124点需淡泊，1664点需勇气，3000点需坚持。

讲与听

——3000 点需要坚持

如何听？会不会听？怎么听？是否真的听别人所说的？其实是听自己说？

说的人有的一味说“牛话”，让别人永远听到“牛话”而忽视了风险；有些人一味说“熊话”，让别人永远听到“熊话”以至于永远买不起房子、永远不敢买股票。有的人来真的，也有的人来假的；有的人是雷锋，有的人用 10 秒钟吸引眼球，因为这是快餐时代，而“雷锋”可能被认为是别有用心。虽然不是全部，但这是市场部分浮躁的现状。

先要对“说”的人研究一下

讲者第一层次是吸引眼球，第二层次是证明自己是对的。愚以为，如果从对听者有利的出发点去讲，要比“证明自己对”更有益于听众。可以用 10 年的时间检验一下，10 年足以让一些人露出尾巴。而这样做的话，只有少数有毅力有恒心的有缘者才可相遇。但也不能用太长的时间，按工作时间 50 年计算，一个人成熟需要 20 年，有效时间是 30 年，如用 10 年的时间观察，有效利用时间 20 年。如果用 20 年以上的时间观察，有效利用时间就比较短了。还有一个办法，用观察时间倒推法也可以缩短一些时间，但没有经过时间的检验就相信则太轻率了，因为信息量太多。讲者众多，极难挑选，选择最热最火的来听最轻松，可惜往往不一定正确。

再对“听”的人研究一下

有些人牛市时听，熊市时不听，自然听到的大都是“牛话”。如果真想听的话，要对目标10年说的话一起听就能够听出一点东西来，但愿意这样做的人很少。有的人选牛话听，有的人选熊话听，自然听到的是自己想听到的话。所以，听别人话的人要分析自己，到底我是想听别人的观点，还是只听自己的观点？有的人1664点时听，但不相信，到3478点相信了，结果还是觉得说的人错了；有的人1664点时选择不听，但3478点听了，结果还是说的人“罪过”了。重要的是，1664点时传媒不会报道牛市到了，但3478点就会，听众接受到牛市信息量要比1664点时强烈。这次估计也不例外。

当然，听明白之后，还要自己决定。最终，还是听自己的。我主要说明的是，要区分是原来就想听自己的，还是听了之后听自己的，这非常重要。

这是一次融冰之旅

我坚信，金融危机时播下的好种子会带来非常丰厚的回报。从1664点开始，中国证券市场渐渐完成全流通之后，将步入成熟的初级阶段，全社会资源会源源不断地注入到上市公司中，中国的众多优秀企业在金融危机后会慢慢成长为国际性大公司，好苗子会慢慢成长为参天大树。伴随着这个过程，处于第二位置的中国也有可能渐渐缩小与第一的差距。

但是，只有坚定地抱牢好股票的投资人才有资格享受这场盛宴。只有具备勇气的、坚韧不拔的投资者才有资格享受全场盛宴，任何幻想波段操作的高手、不具备勇气者、八面玲珑见风使舵者、不具备泰山压顶不弯腰的特质者除外。参加革命可有先有后，但红军时就参加革命者就更加需要坚持。我们要感恩我们的祖国，感恩这个时代给我们带来的机遇。

相对而言，1664 点以来，抱牢好股票及好房产者，要比抱牢现金及债券者受益大些。

3000 点需要坚持

买股票成本越低越好，但一般投资者的习惯是越高越买，这是还没有交够学费者的通病。一般来说，超过 3000 点后，看好股市的观点会大量增加，越往上涨越多人看好。如果谁能够理解这个现状及掌握低成本投资的原则，谁就会非常成功。1664 点时，投资机会比较大，可谓百年不遇，这就是我为什么这样重视 1664 点原因，下次再遇到同等级别的危机，需要时间就比较长了。3000 点不需要勇气，3000 点需要的是坚持。当然，3000 点并不是不能投资，不过投资机会比 1664 点少。3000 点才进行投资并不是最高境界，投资品种选择要更加严格，投资周期要更加长些。在以后更高的点位投资的难度就会越来越大，虽然届时会越来越多人认为大机会降临了。

加息了，利空于楼市与股市，但并不会改变市场方向，只会增加 3000 点震荡的时间，3000 点需要时间。

小牛到了，自 1664 点始。应该不需要太长的时间，就会慢慢体会到 1664 点需要勇气的真正意义，3000 点需要坚持亦同。

警惕“舆论一边倒”

股市中的“群体效应”

为什么某些国家禁止非法集会和游行？为什么有的地方要限制团体的人数？原因是，在集会或是游行中，人的心态会发生非常大的变化，人一多就容易出事情。这就是“群体效应”。

同样，对于股票市场而言，投资者到营业部操作和在家里操作，心态是完全不同的；散户式的操作和大户式的操作，心态也是完全不同的。这是因为你所处的环境和操作时候的心态有非常大的差异。这里也有“群体效应”在里面。

如果你在一个地方操作赢的概率大，下一把可能还选择在那个地方操作；在一个地方老是亏钱，下一次换一个地方，可能会好一点。道理在哪里？不同的环境，你的心态是不一样的。

在销售市场上，我们常常看到、听到有些商家为了促进销售，找一些托儿去排队。一大群人围过来，即使是存货也可能销售出去，这种销售方法，看似很简单，其实和上面的道理是一样的。

比如说，当你开车去吃饭，路过两个饭店，你是选择停车多的饭店，还是选择停车少的饭店？你在大街上买东西，你是选择很多人去的那个商场买，还是选择没有人去的商场买？答案显而易见。

再比如说，假如你到一个地方，有一个人说要爆炸了，万人的场所顿时混乱，很多人不会辨别爆炸的声音是真还是假，第一时间想着要逃生。人在这种情况下的表现是难以想像的，悲剧往往就在这样的情况下发生。

群体心态就是这样。这些心态和炒股的心态道理是一样的。

舆论“一边倒”的时候更要警惕

回到股票市场。当全国的舆论“一边倒”的时候，就是我们需要加倍注意的时候。

在998点的时候，看空的人也是“一边倒”。证监会主席尚福林有一个非常著名的话“开弓没有回头箭”，我认为这句话应该载入证券市场的史册。

当时这个地方，我认为大牛市要来了，这是播种的地方。不过，当时看低到六七百点的大有人在。我只是说统计绝对的数量，一定是悲观的人居多。悲观到了一定的程度，就会出现转折。1664点也是同样的道理。

6124点的时候，我感觉到危险要出现了。当出现所有人都对股票没有兴趣的时候，熊市就结束了；当所有人都对股票狂热的时候，也许牛市就走到了尽头。冬天已经来临的时候，要备足粮草，安全过冬。

举例来说。中石油上市前，全国的媒体都在说中石油是亚洲最赚钱的公司，将会给国内的投资人带来多少的回报。在上市的当天，记者问中石油董事长蒋洁敏先生：“你认为中石油的股价你满意吗?”他说：“我非常满意。”注意，“非常满意”是什么概念？就是说，股价已经远远超出了他的预期。

中石油上市的第一天，我提出一个观点，要远离中石油。中石油案例给股市上了非常生动的一课。

因此，得出的结论就是：当舆论“一边倒”的情况出现之后，事情往往朝相反的方向转化。

要承受住不被认同的孤独

投资就是一场比赛。证券市场的投资者中，有的性本善，有的性本恶，有的浮躁，有的淡泊，有大勇，也有大怯，有盲从，有大智，证券投资不就是这些品质的比赛么？

人性的特点有两种。一种是出于安全的需要，例如群居与从众；一种是出于情感的需要，例如交流与认同。

安全的需要：群居与从众

人是群居的动物，孤单的时候就会感觉很不安全。

生活中可以找到很多这样的例子。

你可以想像一下，假如你住的别墅方圆百里都是荒原，你就可能认为你住的不是别墅了，而是一个孤单的房子。假如教室里只有你一个人在等讲师讲课，你会觉得很孤单。假如你作业的答案和老师、同学的答案不一样的时候，你会感觉很孤单，你会怀疑你答案的正确性，假如你的答案和其他同学答案是一致的时候，尽管分数还没有出来，你心里却觉得踏实了。

再比如说，假设你的单位有 1000 个人，当 999 个人的意见往东，而你的意见往西的时候，你会感觉很孤单，而且你有可能不是一个受大家欢迎的人，在一个群体里面不被欢迎是很不好的事情。

无论是在现实生活中，还是在股票市场中，人们大部分是趋同的，因为趋同安全，趋同不会被领导批评，趋同可能会成为领导喜欢的人，趋同不会被穿小鞋。

大伙被训练得一致，股票市场就会出现群体性的行为。你能不能超越这一点，这是你能否成功的重要突破。在现实生活中，你做到这点，是非常艰苦的。在股票市场上如果你不能做到的话，成功的概率是非常低的，大部分的财富其实就是这样消失的。如果在股票市场中谁能够克服从众的心态，距离成功就近了一步。

巴菲特在股票市场中是特立独行的。现实生活中他如果应聘的话，大概没有任何一个商业机构会用他。这就是巴菲特，这就是我崇拜他的一个原因。因为他在现实生活中和股票市场的做法是一致的。这一点是非常难学的。在这个过程中，你会不断受到挫折，不断受到很多因素的制约，如果在股票市场上你可以做到一点点的话，成功的大门是向你敞开的。

情感的需要：交流与认同

交流和认同是人的情感非常重要的一个方面。人是需要交流的动物，人是需要被认同的动物。如果在一个单位里面，你的观点没有人认同你就会感觉到很孤单，好像被抛弃了。

人被认同的需要是一个情感的需求。下一次你和周围的人吃饭的时候，你可以去调查一下：你们买股票了没有？或者你们的仓位怎样？10 个人中假如有 9 到 10 个人买了，那么你最好把它卖掉，一般来说这样做也许是对的。假如你问你周围的 10 个人，你们现在怎么样？结果他们都不买股票了，这个时候你最好悄悄买一点。

买股票不要试图说服别人。如果夫妻双方都买股票，最好两个人的账户能分开，买卖不要告诉对方，不要争论，也不要讨论；或者一方为主，另一方观棋，只不过观棋不语者，才是真君子。买卖股票永远会有分歧，而且一讨论，一争论，你的思路就完全乱了。不要给对方的操作造成任何影响，这是成功非常关键的一点。夫妻是同心的，买股票可以不要同心。道理在什么地方呢？我们中国有 1.3 亿股民，1.3 亿股民肯定有看多的有看空的。所以才有成交。

有一个非常悲惨的故事。我认识一对夫妇，这对夫妇就住在一个小镇上，年纪非常大，夫妻两个人共用一个账户，妻子说卖掉，丈夫要买入，最后全都赔进去了。这种情况出现了非常不好，在这种情况下不可能挣钱。这就像一场战役只能有一个司令，如果出现两个司令的话，成功的几率就变得很小了。这和大家的感情没有任何关系。两个司令不能互相干扰，他要放空，你就让他空，如果空了，他会及时调整过来；他看多也可以，他也可能慢慢调整过来，如果你对他造成干扰的话，就很可能做不好。

如何保持独立性，如何承受不被认同的孤独，这一点是成功的关键因素。这是我的一点经验和体会。

在股市里“混”要经得住折腾

人性的弱点表现在，当一个人经不起折腾的时候，会放弃之前坚持的一些东西。耐心、抗压能力、坚持程度和每个人的毅力有很大的关系。

在股票市场中，什么时候最容易放弃？是经过漫长的下跌，再偶然有一点点上涨的时候。

举个例子。一只股票见顶，接着经过漫长的下跌，最难坚持的不是在下跌的过程中，而是在下跌的过程中开始上扬的时候，很多人选择了放弃。

大家有没有体会过这种心态：在经过了10年的煎熬，现在有了一点起色，这时候是最容易投降的。这是因为，经过长时间煎熬，会让人心理崩溃，此外还有利益的诱惑。

假如你手中持有的一只股票，经过了一年的振荡之后，在这个地方老是不涨，心里就会很难受。别人的都涨，自己的不动，挣了很多指数，但是却不挣钱。这时候投资者作出的选择往往是，卖掉这只股票再换其他的股票。但是在你等的时候股票不动，你刚卖了股票就涨了，乌龟变成了兔子。这反映出股市中人的一种典型心理：人的耐心到了一定的极限之后，利益的诱惑，使他交出了手中的筹码。

股票投资是高风险的追求，而高风险的投资者最缺乏的就是耐性。这是非常明确的一个推理，也是股市上一种非常常见的行为。拥有财富的初级阶段投资者，普遍都有这样的特点。

这个世界上什么地方出贵族？富了很久的国家才出现贵族，比如说法国和英国。也就是说，很长时间的财富拥有者，才能产生贵族。美国才刚刚富起来，没有历史的沉淀，所以还没有产生贵族。拥有财富达到高级阶段才会出现贵族，财富处于初级阶段往往缺乏耐性。

在财富的初级阶段里，如何拥有一些尊贵的品质，这是你成功的重要因素。尊贵来自哪里？首先来自耐心，这是尊贵的初步证明。耐心是一个股票投资人、高风险追求者的必修课程，这个课程没有达标的话，财富之门还未开启；当你拥有了这个特质，财富大门才向你敞开。

股票市场的墨菲定律

股市中，要学会熬。巴菲特熬了六七十年，索罗斯、罗杰斯先生都熬了很多年，他们都拥有很多的财富。极其富有的人都是经过一段时间的磨砺的。

其实当一个人有了经验之后，在很多领域可以成功。这些经验的积累将是毕生的财富。如果你具有足够的眼光以及知识沉淀，就可以挣很多钱。

某县的一个机构写了句标语：抢劫不如去炒股。姑且不去讨论这句标语的对错，巴菲特有句话，“在别人恐惧的时候疯狂，在别人疯狂的时候恐惧。”当社会所有的人都要投资去炒股的时候，说明风险已经很大了，这个时候我们一定要恐惧，一定要往外跑，而不是往里面冲。反过来，亦是如此。

有一个段子，说的是某个基金经理在公共汽车上，刚说出我是做基金经理的，结果遭到公共汽车上人的痛打。这是什么时候的情况？这是2008年，基金遇到重大亏损时发生的情况。当基金经理遭到群殴的段子出现的时候，市场就见底了。换句话也可以说，当大家申购基金达到顶峰的时候，市场就见顶了。这个指标是非常关键的。

有一个非常简单的逻辑，即“墨菲定律”。如果有两种选择，其中一种将导致灾难，则必定有人会作出这种选择。通俗一点说，一片面包，一边涂黄油，一边不涂黄油，哪边会掉到地上？“墨菲定律”的观点是：往往是涂黄油的一边掉在地板上。

如果推荐两只股票，一只好一只差，往往买到差的那只。

这是什么意思呢？正确的信息往往不会被人选择。看空、看多是两个不同的声音。1664 点需要勇气是一个声音，1664 点需要保存实力也是一个声音。你会选择哪一个？大部分人会选择错误的信息。6124 点需要淡泊，但大部分人会选择 8000、10000 点的声音。这就是墨菲定律，这就是正确的信息往往不会被人选择的原因。

如何去克服心理上的误区，如何选择正确的信息？这可能是你成功的关键。有一个非常简单的选择是：哪个最成功就听哪个。怎样才能成功？你一定要和成功的人站在一起，与成功者为伍，以成功为友。这是非常有效的一个方法。

多听巴菲特、多听李嘉诚，也许是对的。

追涨杀跌

人经常犯重复性的错误。“眼见为实”就是人在股市中经常犯的一个重复性的错误。我见到的就是事实，我只相信我看到的东西。这是人性的弱点。我所见到的东西是不是真的是事实？未必尽然。

过去、现在和将来三者的关系，过去的表现是这样的，现在的表现是这样的，将来的表现是不是还是这样？现实世界中，都有一个推断，有一个逻辑关系，但是股票市场上，可能会有非常大的差距。人经常犯重复性的错误，这就是现实生活中的推断和股票市场之间的推断不一样的一点。

为什么会有追涨杀跌？一般人的心态是涨了才买。

有一个故事，说的是某某大官在落难的时候，一个小镇里面的镇长，救了大官一把，镇长就顺理成章的变成了市长，接着又变成了更高的位置。

英雄落难的时候，跌到最低的位置，给他几碗粥，比在他辉煌时送黄金好。朋友落难、英雄落难的时候，向他伸出援手，有可能在英雄他日辉煌之际，给你非常高的回报，在历史上屡见不鲜。

股票市场也一样。当众人杀跌的情况下，向那么多需要帮助的人伸出援助之手，在将来也许会有好的回报。股票投资和做人是一样的道理。这是成功的一个法则。

如果将追涨杀跌的毛病改掉，也许更好。

乐观者才能在股市中胜出

世界上存在两种人。太阳每天从东方升起，到西方落下。有一种人的观点是：太阳每天都要升起。另外一种观点是：太阳每天都是要下山的。二者的世界观不一样。一个天性乐观，一个天性悲观。

我认为：我们对投资应该抱正面态度。虽然股市会回落，甚至会出现股灾，但不要对股市失去信心，因为从长远而言，趋势始终是向上的。只有乐观的投资者，才能在股市中胜出。

同样，中国的经济每年增长8%，这是一个目标。有一种观点认为涨8%太好了，很有前景；还有一种观点，认为只涨8%，很悲观。你相信那种观点？

从乐观或者从悲观的角度观察世界，这是人生观的问题，还有思考问题的态度问题。首先要分析他是A类人还是B类人，才可以从他的观点判断出自己想要的东西。当你碰到一个A类人之后，你知道这个人永远是乐观的。这是判断其观点的一种方法。

其次，还要把这个问题思考清楚：A类人和B类人所处的商业机构的利益是什么？最理想的是：他不代表任何商业机构。但是这种人很少。也有一种人在一种商业机构里，可以保持他的独立性。但这种人非常少。为什么呢？老板叫你这样做，你不这样做，那你就很难在这个地方待久了，除非这个人有自己的立场，我不在这个地方做可以在别的地方做。但是要做到这真的非常难。我们应该给予独立人格的人更好的尊敬。

股票市场是财富再分配的场所，只要你的知识多学了一点，财富会分多一些。我喜欢证券市场的部分原因就在这里。

现在很多人喜欢用一句话忽悠老百姓去理财：你不理财，财不理你。我觉得应加一句：乱理财，还不如不理财。

成功者也曾有失败的时候，吸取教训就是成功的第一步，这不是什么很大的事情。暂时失利没有任何问题，股票市场永远是有机会的，你只是把钱暂时存进去了。要有这种心态，在股票市场不要想亏了多少钱，经过学习，还是可能慢慢成长的。关键是要在大部分应该乐观的时候保持乐观的心态。

坚持是一件非常艰难的事情

股票市场的波动比较大，投资人应该有心理准备及投资预备，才比较好。

市场往往会碰到波折，价值投资者必定会碰到各种各样的困难，但如果从长一点时间来看，持有有投资价值的品种未必错。我们观察一些大师的投资策略，像巴菲特及李嘉诚或者大部分机构，并没有因为市场下跌而退出，我们想象一下，如果市场的主体全部退出，谁接呢？这是个问题。这是一个投资还是投机的问题，我的方法是投资性多一些，这和大多数投资者的方法可能不太相同。前提很重要。价值型投资者必定要求更加高。人生每一点成功，都需要磨炼，何况是强大的股票市场！

很多人幻想着，我从小顶部退出，小底部再接回来，如果很多人都成功的话，谁在小顶接？谁在小底卖呢？这也是个问题。注定是趋势投资者的专利。

大盘跌了，但也有部分股票在创新高，同一个决定，对部分股票是对的，但对另一部分股票却不一定。

很复杂，供不同门派的投资者参考，不一定对。

坚持是一件非常艰难的事情，但这就是我的选择。

把钱交给对社会有正面作用的公司

你到底选择投资策略还是投机策略，这个问题非常重要，涉及人生观、人生态度。

首先，你要了解你自己是什么样的人。

你要想清楚你是什么样的人，你想做什么人，你想挣谁的钱？参与的人有各种各样。有1.3亿的人参与市场，每个人的世界观都不一样，每个人的人生观也不一样。

我个人的观点是：在这个市场上，了解你自己是什么样的人，这是非常重要的。没有把自己了解透彻，很难有一个清晰的地位。

其实最难的是把自己了解清楚。自己是谁这是最难回答的问题。“我是怎样的人？我在这个世界上想做什么？我为了什么工作？”把这几个问题思考清楚，那么你的很多问题都可以迎刃而解。最终很多人思考了很长时间也没有思考清楚。

也不要想得太深，否则会陷入无休止的思考当中。我思考了20年，才逐渐有一点粗浅的感悟。在这个市场上，我不建议大家完全按照我的思维来做。

其次，要了解你所投资的公司是什么样的公司。

我认为做对社会有贡献的事，做对别人有帮助的工作，是非常有意义的。同时，我认为世界上有三种人：一种人是对社会有正面作用的人，我定义为好人；一种是对社会有负面作用的人，我定义为坏人；

如果是既没有负面作用也没有正面作用的人，那我认为就是无用的人。我想，做第一种人的话，会更好一点。

对于一家公司也是这样。我是这样定义的：如果这个公司对社会起正面作用，这就是一个好公司；如果对社会只起负面作用，这个公司不管挣多少钱，都是坏公司；没有正面也没有负面作用，就是与社会无关的公司，相当于无用的公司。

在西方国家，很多优秀的公司和社会和谐生存，很多公司还提供社会责任资金、环境资金、促进社会发展资金，这些公司应说对社会有正面作用，符合社会的发展潮流，不浪费社会资源，对社会是有贡献的。这些公司的发展，对社会的发展具有非常重大的意义。

我认为投资市场也是这样。假如你选择一家公司进行投资，这个公司对社会是正面作用的，我认为你的投资方向是正确的，虽然现在可能没有好的发展，但将来一定有成功的发展。这是我的一点思考。

我们国家证券市场的作用是什么？假如证券市场上很多人像我这样思考，就可以把资源配置到比较好的公司里面去，而不是把资源配置到那些被评价为“坏孩子”的公司里面去。当然，社会中“坏孩子”得到好的评价的比比皆是，但我认为还是起到正面作用的公司最终会得到更好的评价。

在社会尚存在不公平的情况下，很多人的道德观念会受到干扰。在这个社会中，怎么谈理财？我认为首先要端正自己的想法，要清楚自己想做什么样的人，这是不可以强求的。如果你思考清楚这个问题，你想挣谁的钱，最后你真正想做什么，就非常清晰了。

你将真正的投资资金交给你认为能够创造社会财富的公司，让它去帮你创造财富，这是最基本的道理。这也是巴菲特先生所做的工作。

我认为，社会上良知尚存，正面最终会胜出。我喜欢证券市场的原因在这里。

第四部分：股市杂谈

在一片浮躁中保持清醒，在悲观绝望中保持信心……

谈谈投资方法与社会效率

如何投资才比较理想，是甲赚乙？还是乙赚丙？这其实是一种财富转移。相互比赛操作技巧，本职工作的质量又如何保证？这种思维就会在2000点、2400点、2600点、2800点、3000点是顶的猜顶游戏中痛失筹码。

愚以为，甲乙丙如果以投资的心态进行投资，或者投资一个成长迅速的企业，随着时间的推移，财富可能是增加的。当然，进入的时点是低点的话投资的心态就更好些。这是为什么我在2008年时对1664点重视的原因。

用投资的心态去投资，甲乙丙都非常安心地做好本职工作，整个社会的效率就有可能随之提高了。

其实，如果换一个角度来思考问题，得出的结论也许更加符合实际。这是我和其他研究者思考问题出发点不同之处。

当然这是非常个人的观点，也许赞同不会太多……

怎样正确选择和理解股票评论

第一，游戏规则决定投资者行为，交易机制决定了做多才能赢利的思维方式。

制定股票市场的游戏规则是为了达到什么目的？如果是为了达到高股价的目的，那么就设计出来只有做多才能赚的机制，如果不是，完全可以设计出来只有做空才能赚的机制，如果要合理股价，就设计出双向都可以交易的机制，而A股从诞生以来到现在的状况，显然是前者。而为什么我们的股票价格永远比较其他市场为高？和我们特殊的股票大部分拥有者的构成有莫大的关系，而这种情况可能在相当长的一段时间内还不会改变，所以，A股市场在相当长一段时间内还是要高于境外市场的基础还是比较坚实。融资融券和股指数的推出会使这种情况有所改变。

第二，投资者的习惯决定了判断氛围，其实是人性的弱点使然。

日常生活中，一般人喜欢听好话，而非相反，此点鲁迅先生的描述非常深刻和到位。人们对美好生活的盼望决定了有选择地吸取信息行为，喜欢听到鼓舞的声音而非相反，看多的声音会比看空的观点受欢迎得多，进而看多的人士比看空的人士受欢迎得多，在任何一个报告会假如出现两种观点时候就会非常明显表现出来。由此可以得出看多的股票评论员永远比看空的评论员的人数为多，具体到每个评论员的统计来看，也是看多的时间要比看空的时间要多。这个情况在期货市场和外汇市场却有完全不同的实际表现，这是一个比较有力的证明。

其实，有心者可以把以前的网络、报纸、报告会等数据进行统计，就能够有一个非常清晰的判断，奇怪的事实是，在中国，连续的、非常确定的、离奇、明显错误观点的人在活跃、持续地进行表演，显然，听众会把该评论员以前的明显错误善良地忘却了。

第三，商业模式决定观点取向，大部分商业机构并没有长期计划。

企业管理者并不是拥有者，好多企业管理者在非常短的周期里更换频繁，这一事实决定了其思维模式不可能超过他们所经营的时间长度，所以长期经营的考虑不现实。而短期的商业模式并没有过多地长期的眼光考虑投资者利益，反而是去迎合他们的喜好，这样，只发出多方的声音去迎合而没有空方的位置就能够理解了。所以，看待股评首先要研究股票评论员所在机构的盈利模式，再进行深入的思考，也许就能够得出比较客观的结论，但这要求判断者要有相当丰富的经验。挑选一个长期经营为指导思想的商业机构甚为重要。

第四，大部分的观点发出者都是受雇于以上的商业机构，独立的研究机构现在还找不到生存的空间。

很多投资者都习惯于接受免费的信息而非愿意付费，而独立的研究机构因为得不到生存的经费而难以维计，长期当活雷锋的人又极为稀少，这个时候要取得盈利的话，必然要在免费的基础上用其他的手段来赚钱，这就是很多投资者一边开心地享受免费的信息，一边痛恨地指责黑嘴，谁也没有想到该给诚实的独立机构以合理的利润，这个社会有没有给长期担任活雷锋之人予报酬？哪怕只有一点点？挑选一个不受到受雇商业机构所左右其观点的、愿意当活雷锋的评论员甚为重要，只是比较难找。

这个不合理的循环还没有被打破。

第五，单个股票的表现更加明显，看空的结论并不创造效益。

大盘的研究尚且如此，单个股票的研究结论就更加明显了，如果看空，既对持有者不利，又对该上市公司股票价格的提高不利，进而不利于在该上市公司取得更多的信息，所以，大部分的研究者都不愿意树敌，这是根本的原因。其实，从概率的角度来看，20%的人拥有大部分的财富，同理，20%优秀的公司拥有大部分的利润，按道理应该是看空的股票报告多，看多报告少才比较正常，但市场恰恰相反，各位看客，你们之所见，事实是这样么？

第六，评论员没有必要承受超过自己的承受能力是比较大的原因。

有没有勇气来提出不同观点？提出不同观点会有什么结果？在社会活动中，从众心理是本能，是最少阻力的行动，很少能有团体容纳不同的意见，提出不同意见者遭遇的处境深刻地教育了其他人，所以大部分的人被训练成为意见一致。特别是在强大的证券市场面前，特别是在2007年，看空者显得是多么弱小，这是最本质的原因。挑选一个能够承受压力的评论员甚为重要。但是，拥有泰山压顶不弯腰之特质的人并不多见，而且还需拥有相应经验，要不就是俗话说的死空或者死多之类。

第七，正确选择评论员的目的何在？

很多人花很多时间阅读众多评论员的观点，但我感觉首先应该做的工作是对你喜欢的评论员进行研究和选择，多一点冷静和思索未必不是件好事。评论员的目的是吸引眼球？还是追求真实？是为了短期轰动还是长期对读者负责？是迎合还是独立？迎合是容易而且受到欢迎的，独立是痛苦的，不容易受欢迎的，对真实的不懈追求并不是一个轻易的事情，这是每个评论员不同的选择。这也是观众选择不同的评论员的品味。这和艺术领域是何其相似。

正确理解和看待股票评论员，并不是一件容易之事，需要多年的经验积累和刻苦的数据收集，这和选择医生是同样的道理，站在医生之上去选择是一件难度极高的工程。正确选择医生，目的是为了健康，正确选择评论员，是以步入盈利之路为目的而不是相反。医生的医术是选择的第一条件，更加重要的是什么？是医德。选择股票评论员何尝不是如此？

回顾2007年，看多的观点太多，而2008年金融危机后，市场不断下跌，严酷的事实面前看空者又渐渐增加了，是不是又到了另外的极端？

赌经济还是赌政策?

经济情况不好，利好的政策又在适时加大，这时候我们该赌经济，还是赌政策呢？就中国的实际情况，我认为，不妨将政策的力量看重些。

2008 年金融危机后，经济一路下滑，那时候可以说境外是疯熊，A 股市场是蹦极，如果当时没有几个关键股票的护盘的话，中国的市场也早就是疯熊了，这也说明 A 股由于其封闭性所带来的独立性。而且这种独立性是建立在经济因素特别不好的环境下，中国政府紧急启动经济的大环境下产生的，换一句话来说，在全球经济陷入了困境的时候，也许只有中国有实力、有储备、有能力推出一个庞大的计划来拉动经济，而且中国最不缺乏的是投资冲动，大干快上的干劲是全世界公认。这种热情是可以期待的。

最重要的是，面对经济的困境，中国政府会推出一系列积极的财政政策和适度宽松的货币政策，市场的外部环境就会发生变化，原来在宏观调控下的证券市场就有可能运行在一个为挽救经济下滑的宽松的政策环境下，加上对待股票市场已经从坚决调控转变为坚决护盘，而且当时是拿出钱来护盘，这也是完全不同了，

但是，如果仍然是，境外每天都是不好的数据在冲击着人的神经，境内经济数据也在每天悲观地更新，而此时政策护盘的力量又在适时地悄悄地加大，赌经济还是赌政策呢？这个时候不妨将政策的力量看重一些。

关于我——风格和追求

在比较浮躁的现实中，我的观点很多时候总是很难得到认同，也比较难得到比较急躁的投资者的认同，更加难得到一味“勇敢者”（他们在998点的时候一般是最悲观一族）的认同，我一直在坚持我认为正确的方向，因为我认为真实的东西最终能够被客户接受。虽然我从来没有得到过商业机构的客观评价，也没有得到过最佳分析师。

我的观点往往和主流观点有很大的不同，这也是为什么不容易被接受的原因。但是，我坚定地认为，最终的评价标准只有一个——就是市场本身而非现所谓的评价体系！

我们生活在一个商业世界中，我的观点只有利于客户而非利于短期效益，有些商业机构并没有长期的眼光和百年老店的追求，但是，我总是相信，世界上仍然还存在有良知者，世界总会对真理有一个公正的评价！令我欣慰的是，通过十几年时间的检验，已经有一批真正了解我的性格和追求的投资者在慢慢接受我，这个过程需要一点时间。

在十几年中，我做的每一场报告会都没有商业目的，我做的每一次电台和电视台的节目观点都是清晰的，因为我认为如果模糊的话会浪费了别人宝贵的时间，虽然我周围的所有领导朋友都劝我模糊一些，我写的每一篇文章都是有结论的，因为我不希望浪费别人的版面，哪怕是很小的一个。在给以别人哪怕只要一点点帮助的时候，我感觉到我的生命价值没有在模糊中浪费。

我追求在一片浮躁中保持清醒，在悲观绝望中保持信心，当然，压力是巨大的，挑战更是无边……

天很冷，但不会永远

当行情也很没有方向时，很多人被无聊的行情磨掉了信念与激情。我突然有些话想说。

其实，股票投资和其他的事情道理是相通的。有的人一辈子就一份工作，有的人换工作很勤快，有的人学得很杂，学钢琴，也学小提琴，也学书法，也学很多其他的，但没有一样学成。有的人只学一样，几十年后成为大家。有的人求学历，有的人为考级，有的人学习是为找工作，有的人还在用学历度人，而有的人在求真。

我有一次向一位非常成功的医学大师请教成功之道，他原是我的中学同学。他有一句话我很受教，一个中等资质的人只要往一个方向钻二十年，一般来说总是可以弄出一点成绩。

想想，生活上及事业上的例子，谁的成功不是靠超越常人的坚持来实现的？有谁的成功是非常轻松的得到？轻松得到的成功往往不会久远，事物的高潮阶段是靠非常平淡的低潮来衬托出来，惊喜也是在非常无聊的时光中才会出现。

天很冷，但不会永远，总有暖起来的一天……

牛市和熊市的回忆

中国的证券市场从20世纪90年代至今已经近20个年头了，其中经历了从1996年到2001年5年的最长的牛市和2001年至今最长的熊市。大部分投资者都是在牛市开始涉足股市，现在回顾起来，几次的牛市中是多么令人激动，而几次的熊市又是多么令人失望，而2007年的牛市，从深度和广度来说，已经超过了历史上的任何一次。人们在牛市和熊市是有不同的表现，笔者在此回忆一下供各位读者参考。

话题

在熊市中，不论是同学聚会、朋友聚会、家庭探访，大家都回避一个同样话题——股票，如果席间有哪个冒失之人提出，一定会受到冷遇，谁炒股就好像落伍了，而在2005年出现的“远离股票，远离毒品”的口号是一个极端的反映，股票投资者被列入十大危险职业也是一个心态的表现。

在牛市中，时过境迁，同样的集会，都会涉及一个话题——股票，而且讲者及听者都是那么投入，如果还没有入市，就显得落伍了。大家都忙于投资，已经不顾股票上涨时所蕴含的危险了。

联系

在熊市中，接到的电话、邮件、短信很少，内容也是摄影、艺术、人生等，证券从业员的名片很少能发得出去。

而在牛市中，接到的电话、邮件、短信数量渐渐增多，内容涉及股票的渐渐增多，其他内容渐渐减少，证券从业员的名片的用量也大增起来了。

目标

在熊市中，由于亏损效应，很多人的勇气和信心在慢慢地消失，投资收益要求也慢慢回归理性，收益率只有2%的货币式基金也在不可思议地膨胀，大部分的股票价格只有从前的十分之一或者二十分之一，大家却对这些极低价格极高收益的股票视而不见。

而在牛市中，如果有人说，我一年赚了10%，一定会有很多人不屑一顾。每年一倍不是神话，十倍、二十倍的神话天天都有报道，对货币式基金有兴趣的人数大减。而好多股票在以上升了十倍或者二十倍的价格在交易，好多人也渐渐忘记股票涨幅已高这一事实。

电视和报纸

在熊市中，好多电视台取消了部分证券栏目，证券报纸因需要多元化经营，而开设彩票栏目。有些栏目是以“如何解套”作为宣传，很多人看股评节目不是以崇拜的目光，而是代之以嘲笑的眼神，更多的人连看一眼的兴趣都不存在。

在牛市中，由于观众的需要，传媒纷纷开设证券栏目，观众的目光也渐渐聚集起来了，股票类报纸的销量也大增。

现场股评大会

在熊市中，开股评会是需要勇气的，“有没有人来听”是每一个主办方所担心的问题，请谁来演讲也是组织者非常认真考虑的事情，没有一定重量级大师出场的报告往往听者寥寥。

而在牛市中的报告会经常出现席地而座的盛况，时间往往要延长很多，气氛更是大相径庭。

招聘

在熊市中，“在证券公司上班”是一件不光彩的事情，证券公司的员工一般不愿公开自己的职业，常常只是勉强地说“搞金融的”，从业人员羞于表明身份，是多么可悲之事。更加明显的是，在熊市中，不要说看到证券类的招聘广告，因为全国三分之二的证券公司要重组，公司不倒闭已经是万幸。

而在牛市中，“我在证券公司上班”又是一个多么令人羡慕的事情，证券公司的“诚聘英才”的招聘广告也是铺天盖地。

思考

人性的弱点永远如此，从众心理是本能，是最少阻力的行动，试想，有多少个团体能容纳不同意见者？大部分的人被训练成为意见一致者，在强大的证券市场面前人显得是多么弱小。这也是各个国家的股市在牛市狂热中吸引了大部分人的参与，而在熊市里几乎是伤害到大部分的投资者的主要原因。在股票这个专门针对人性弱点设计的游戏中，不从众的反向操作是步入成功的少数人的一个渠道，当然，这需要勇气、意志和一点点淡泊，而这区区的一点淡泊只有极少数人才能做得到。

加大分红到底是利好还是利空?

加大股票的分红，究竟是利空呢，还是利好？有的认为是利空，本人却坚定地认为是利好。认为利空者的其理由如下：

第一，认为是利空者也许会举一个特殊的案例，就是巴菲特大师的股票从来不分红，但其却得到投资者的认可。

第二，上市公司处于发展期，分红会使公司失去发展的宝贵资金，不利于其获得更多的利润。

第三，分红使股票失去炒作空间，不利于想像空间的发挥，进而不利于炒作。

这些理由看似有道理，但仔细进行分析，就可以发现一些问题。

第一，巴菲特大师的股票是不分红，但巴菲特投资的标的却是大笔分红，何况世界上只有一个巴菲特。对于类似巴菲特的优秀企业我们可以允许其存在不分红的情况，但是对于大部分股票来说，这是投资的基础。证监会前副主席说："不知道什么中国特色，只知道任何国家的投资者都有一个共同的需求，就是投资回报的需求！"问一下我们每个投资者，难道我们真的不需要回报吗？

第二，我们的市场已经发展了近20年了，如果总是以发展期作为理由的话，不知道需要多少个20年才不是发展期？如果不用制度来约束上市公司的话，让其自然形成良好的分红习惯的难度就非常大，而且不利于养成良好分红习惯的社会氛围。再有，20年以来观察到的事实永远是非常进取的投资冲动，鲜有公司认为是到了稳定的回报期而进行大比例的分红，如果一直都没有分红的压力，也许永远都是投资期！

第三，我们的市场一直是建立在赚取其他投资者利润的基础之上，所以才有想像空间一说，如果我们的市场是建立在赚取上市公司的利润的基础之上，也许这种有别于其他市场思维的想法，就没有多少市场了，或者仅仅是在小部分投机者俱乐部存在生存空间，而非现在拥有广泛的生存土壤了。

虽然，我们离成熟的标准仍然尚有很大的距离，但更大的距离是要用制度来约束而不是股东意愿来约束，还有就是仅仅是用此标准来进行更加大规模的融资！可怕的是大量的股东们也意识淡薄，而更加可怕的是市场对这政策的理解连利好还是利空尚分不清楚！

这是利好，是A股市场在进步的利好。

在股票低迷时家庭支持尤为重要

股票投资，一定要量力而为。在顺境中需要冷静，在逆境之中需要鼓励。

顺境和逆境是相互交替的，既然有逆境，就会有顺境，反之亦然。在顺境的时候，不要忘形，也许风险就在前面。在悲观之余，不要失意，也许转机就在明天。

顺境时，大家都沉浸在欢乐之中，逆境时，又如何度过？每个投资者都必需重视起来。

周期性的波动是客观规律，是不以人的意志为转移的，我们对这个事实应该充分理解。

心理的承受能力是随着经验的增加而增加的。而承受能力是投资者成熟度的测量指标。投资过程的心理考验并非每个人都有经验，但这却是必不可少的。投资者还没有投资之前大部分是工薪阶层，投资的规模和心理承受能力比较匹配才会比较舒适。

家庭的理解、亲人的关心、朋友的支持就显得非常重要，尤其在困难的时候，生活总比投资重要，也许挺过去，又是一片天。

恐惧踏空还是恐惧套牢？

这个问题非常重要，如果想清楚这个问题，将对操作具备很强的指导作用，不管是长线的投资者，还是短线的投资者都是如此。

在2007年6124的时候，大部分的投资者非常恐惧踏空，因为经过28个月的上涨，每次丢失筹码都是错误，投资者心中形成了强烈的恐惧踏空的情绪，套牢就变得不再恐惧。这个阶段，大部分的投资者是持有筹码为主，踏空是不再了，但套牢成为了事实。

相反，在1664以来，经过73%的下跌，很多股票股价只有原先的一折二折，这个时候，投资者心中形成了强烈的害怕套牢的情绪，踏空反而不再恐惧。这个时候耳朵认同的声音就会倾向于空方。这个阶段，大部分的投资者是害怕套牢，所以筹码的锁定并不充分，筹码丢失后，套牢的可能不再，但希望也不在了，踏空成为了现实。

补充一点：其实市场永远存在多空阵营，投资者的耳朵选择非常重要，只不过，6124因为恐惧踏空而喜欢选择多方，1664恐惧套牢而喜欢选择空方而已，但往往更加喜欢把责任推给声音的发出者而没有把责任归于耳朵。

愚以为：如果认为这两种心理状态是错误的，对于长线的投资者，现在选择害怕踏空而加强锁定筹码也许会避免踏空的痛苦，对于短线投资，卖出是为了买进更加多数量的筹码而非获得更加多的现金。现在可能应该更加重要防止踏空而不是防止套牢。

如果认为这种心理状态是正确的就另当别论了。

其实，那些因为害怕套牢而丢失筹码的投资者，当没有了筹码后，被架空的痛苦、被市场排斥在外酸酸的味道、对多方声音的愤怒及憎恨、当有一点下跌就像见到救命稻草而狂欢等等不健康的心态就会慢慢滋生……

最终，心态的扭曲，会让我们在下一个 6124 的中段和末段见到这些投资者的身影。

看这篇文章需要耐心和慢慢体味。

一家之言

股票投资有赢有输，预测股市有对有错，投资者应自己承担赢输责任并自行做出判断。每个投资者在市场的目的、投资方法、投资期限、判断周期各有不同，多空有分歧，才能够有成交。以他人意见作为投资依据并不充分。一家之言，仅供参考。

任何人在股票市场面前，都要有敬畏之心，能够拾一两块小石头已经足已。

我有时也有过于乐观的时候，因此还需要好好学习。

人生有起有伏，股票如此，预测更是。既然是做这个工作，就要承担不利情况下的指责和过高期望的失落，即便没有真正法理上的责任。这就是大部分的人在工作之外不愿意出来预测、在工作之内也尽量模糊的重要原因。

股票震荡，是对长线投资者进行考验的阶段，这个过程比较痛苦。投资者不仅要有坚强的心脏还要有坚韧不拔的精神，经过 2001 到 2005 年的漫漫熊途，再经过 2008 年 73% 的下跌，他们应该要经得起大的风浪。

口袋的左边是发股票，右边是发基金，应该还在是掌握之中。

有时候虽然空头嚣张，但在震荡中过度恐慌并不足取。

太阳有下山之时，也许他日还有上山的机会。

买大公司还是小公司?

购买股票，是买大公司还是小公司，买民营企业还是国营企业，是购买传统型还是创新型企业的股票?这其实与投资者的投资风格有关，也就是你究竟是稳健型的投资者还是敢于冒风险的投资者。

一般来说，大公司更稳健，但大公司“生股仔”比较难，而小公司“生股仔”相对容易一些；民营企业发展速度快，但风险大一些，国营要稳健一些；传统型的要稳健一些，创新型的要风险大一些。

但收益往往与风险呈现一定的正相关。

不过，不管是那种投资风格，在购买股票的时候，不要忘记了解一下国家的政策动向。比如2010年，国家提出要大力培育战略性新兴产业，大力发展新能源、新材料、节能环保、生物医药、信息网络和高端制造产业，在这些领域中找寻好的股票，不管是大公司还是小公司，不管是国营还是民营，相对来讲，投资前景又要大很多。

股市低迷时不要失去信心

华尔街有个说法：“你如果能在股市熬十年，你应能不断赚到钱；你如果熬二十年，你的经验将极有借鉴的价值；如果熬了三十年，那么你肯定是极其富有的人。”

自2008年金融危机以来，中国股市率先触底，最高反弹涨幅达109%。虽然在实际中股市会不断震荡调整，出现与宏观经济相背离的走势，但这种背离只是暂时的，不会长期存在，随着经济逐渐恢复，过分背离的情况会渐渐修正，投资者不应该失去信心，从历史经验推断，且通常在市场信心低迷的时候，不排除有稳定市场的措施出台，经验表明类似中石油及汇金公司增持等稳定市场的措施往往有立竿见影的效果，不仅有利于恢复市场信心，还能够达到国有资产得到保值增值的效果。只要能够保持融资速度与资金引入速度的平衡，市场就能够更加稳定。

中国证券市场经过20多年的发展，规模已成为全球第二大市场。而随着A股市场进程的逐步完成，产业资本渐渐取代基金成为市场主导，股指期货融资融券等双向交易机制的建立，也为A股逐渐走向规范与成熟增加“砝码”。

用血汗钱别玩股指期货

关于是否参与股指期货，我有两个建议：

我的第一个建议是，没有100万家底的人别去玩融资融券和股指期货；第二个建议是，100万来得很容易的人才可以玩。

2010年4月，股指期货的出台，一方面，会改变垃圾股和蓝筹股的地位——蓝筹股的地位提升，垃圾股的地位则会下降，整个市场的股票定位可能会更加趋于理性，其内在规律制衡了过去股票价格经常发生较大幅度偏离现象的频频发生；但另一方面，以往国人习惯的单边运行模式将发生根本性改变。在单边赚钱已经很难的情况下，双边运行将导致短周期波动加剧，长周期波动幅度降低。

我认为，大多数人管理好自己现有的财富已是一件很艰巨的任务，如果轻率运用杠杆，相当于要管理数倍于自己的财富，这难度就非常大了。这不是危言耸听，这绝对是一个红线，要越过去的人一定是具备承受能力的人。而且股指期货不是一个限额的、亏损就完了的东西，我们很多普通投资者平时“补仓”等手法是根本行不通的。整个市场会有一个对以往经验推倒重来，重新学习、掌握规律的过程。

通俗点说，以前我们拿大刀长矛战斗，融资融券和股指期货出来后，相当于有重武器和火药了，风险很大，但很多人是经不住诱惑的。没办法，股市就是这样，永远是一个考验人性的过程。

第五部分：我眼中的大势

股市有涨有跌，涨的时候，不要过于乐观，跌的时候，也别太恐慌，仔细分析，找出原因，你才能在震荡起伏的股市中找到方向。

判断市场稳定的五大信号

1. 对主导市场政策方向的指数基金给予高度重视

为了说明这个问题，我们有必要回顾一下过去，从 2007 年四季度，市场接近 6000 点时，指数基金停止了发行，其实如果当时继续发行，那么新投资者的盲目和投资知识的匮乏，加上利好被夸大之宣传，指数基金的膨胀会进一步推升市场的泡沫，这里存在着必然的逻辑关系。停止指数基金发行的举动，就是表明控制市场泡沫的重要信号已经出现，从 6124 下跌以来，虽然出台了数次降低印花税等多个措施，但作为推升市场的工具——指数基金这个武器一直没有被运用，也从一个侧面说明推升指数的时机并不成熟，而相隔一年后，市场经过大幅调整，市场泡沫已经被充分地释放，重新推升指数又成为必要，从 2008 年 12 月 30 日广发沪深 300 指数基金成立，到 2009 年 1 月 14 日工银瑞信也宣布获得批准，在当时的市况下，我们可以判断政策方向信号已经出现。

2. 对具备高度的准确性和前瞻性的社保基金的进入要保持高度注意

社保基金是我们的养命钱，亏损将损害大多数人的利益，因为身份具备特殊性，故具备了超然的地位，投资的成功率要高于与其身份并不对称的其他机构。比如，当股指到达 6124 点，很多投资机构还在遥望万点的时候，社保基金如有神助般悄然而退，而在 1664 后，社保基金又无声无息地进入，增加的数目已达100亿。因其身份的特殊性，以及赢利大于亏损的历史记录，从对政策动向的把握能力来分析，将它作为重要信号之一并不为过。

3. 汇金公司及中投公司的出手是市场稳定的重要条件

从汇金公司的投资记录来看，近年高额注资国有大型银行的行动，取得了巨额的账面收益，汇金公司的辉煌投资记录可能在相当长一段时间内很难打破，所以我们绝不怀疑其投资能力及操作水平。再从汇金公司2009年在二级市场中增持三大银行的行动来分析，这是中国证券市场有史以来的首次举动，该行动应该得到高级别层面的决策才有可能作出。再从中投公司在香港市场承接境外抛盘的气概观察，这次维护市场稳定的决心是中国证券市场有史以来最为坚定的。很多人非常期盼平准基金，可是没有想到一个问题，其实成立平准基金是有额度的，但汇金公司和中投公司有多少钱大家清楚么?

4. 解禁股结束单边下跌走势表明市场的稳定基础形成

6124以来，A股市场谈解禁股色变，解禁股下跌成为惯例，不管在解禁前还是解禁后都是如此，更有有心者开辟了大小非减持业务成为大小非减持专业户，以很低的折扣取得大小非的筹码后，在二级市场中倾泻，造成弱势并恶性循环。但2009年年初情况发生了改变，解禁股渐渐成为淘金之地的案例在不断增加，甚至上涨的幅度让人瞠目结舌，这是一个极其重要的信号，可以有效地改变市场的预期。首先，大小非们会慢慢惜售，减持专业户们慢慢不容易拿到低的折扣，进而在二级市场倾销的举动就会大幅收敛，而淘金者慢慢增多形成了市场稳定的基础，解禁股的压力就会随着时间的推移被化解。

5. 蓝筹股开始走强表明已经具备市场稳定的内部环境

2008 年末到 2009 年初市场的中小板股票和小股票非常活跃，但占权重比较大的蓝筹股并不显强，虽然这段时间伴随 132 家大股东增持，其中包括 28 家以中石油为代表的央企，蓝筹股票的表现仍然疲软，这不排除是为了配合完成增持计划而故意示弱。而蓝筹股开始走强，其一表明增持计划已经完成大部不需要继续示弱，其二因为蓝筹股票的市场地位表明市场稳定的内部环境已经具备。

危机中的投资

股市有涨有跌，涨的时候，不要过于乐观，很可能危险也伴随而来；跌的时候，我们也不必太恐慌，因为大跌过后，投资的良机也悄然而至。

金融危机最恐慌的阶段也许是2008年11月。随着金融危机逐步向实体经济蔓延，2009年国内经济下滑的风险进一步加大，市场受到经济下滑的制约。但为应对危机所采取的政策在逐步升温，随着积极的财政和货币政策力度的加大，效果逐步显现，有利于支撑市场的估值水平。

同时，由于股票价格已经回到合理水平区域，长期投资的基础已经牢固，随着化解危机的措施逐渐加大力度，随着经济情况渐次好转，长期投资成效会慢慢体现。2009年的市场表现是反复争夺，由于业绩因素市场回探机会仍然存在，市场抵御回探后重心上移机会相对偏大。危机中的投资机会也渐渐显现。因此，我认为，融冰之旅也许崎岖，但已经启程，也就是说，大跌后孕育的投资价值也日渐显现，这时候我们要重视长期投资的配置机会，提高股票的配置比例，降低现金和货币式基金、债券及偏债型基金配置比例；而且从以往的经验中，我们也要看到，强周期、业绩弹性高的投资品种机会较大些。

在这个过程中，我们仍要忍受不利情况出现所带来的风险，这也是投资过程所必须的磨炼，毕竟这是一次危机中的投资机会，并不等同普通的投资环境。

此外，投资什么板块也很重要。弹性低的板块防守性要好，弹性高的进攻性就强一些。

同时，我建议大家在金融危机中播下的种子，要非常珍惜、呵护、保护它，不要过早把幼苗拔出来。

自 1664 点以来，A 股已经持续上涨，最高上涨幅度已经超过 100%，市场估值逐渐由低估状态回归到一个比较合理的水平。但在目前全球经济不断好转，各国的货币政策和财政政策没有出现实质性变化的背景下，证券市场的走势可能转入振荡，但依然乐观。我们可以观察到：

1. 宏观和微观层面的数据均显示经济出现复苏迹象；
2. 金融危机冲击进入“衰和竭”阶段；
3. 政策面倾向微调，监管层态度未变；
4. 市场驱动因素由估值回归转向业绩增长。

总体来看，市场会反复震荡，并且随着涨幅的增加，震幅也会加大。

我们需要密切观察接下来中央的货币政策、财政政策以及与房地产相关政策的变化情况，根据新情况的变化而做出策略调整，但到目前为止暂未出现离场的信号。

综上所述，中国在此次危机中，本来就是鱼池之灾，严阵以待加以应对之余，是否认真考虑大宗原材料的价格下降对下一轮经济启动的有利之处，对非常贫乏的石油储备所带来的天赐良机，开展人民币国际结算业务的起步之旅？

中国离发达国家基础设施的完善程度还尚有距离，城镇化仍然空间巨大，发展中国家的特点仍然明显，大规模建设需求巨大，勤劳的中国人追求美好生活的热情不亚于任何一个民族。同样，中国的投资者对财富追求的热情也不亚于任何一个民族。

一般来说，股票市场和经济短期走势不一定吻合，但长期走势的吻合程度要好许多，面对许多国家的负增长预期，中国仍然保持8%的高增长，这在金融危机的风浪中尤为可贵，所以，对中国的股票资产应该给予特殊看待，才不会在一片风声鹤唳中迷失方向。

对待创业板

1. 创业板与主板的关系

很多人认为二者是中学与小学的关系，它们之间有关联但并不能够互相取代或者影响到另一方。不同发展速度和发展阶段的企业能够进入对应的板块，多层次资本市场建设已现雏形。

2. 创业板的重要意义

创业板打通了资金链条出口，会有效刺激创业及投资，部分敏感的民间投资将迅速启动，中国将形成众多新业态的创新企业，这对促进创新鼓励创新的意义十分重大，并由此创造出大量的就业机会。其实大型企业的改制融资对就业的拉动并不明显，他们主要还是减员增效。再有中国并不缺乏创新人才，只是缺乏鼓励创新的机制。

3. 对待创业板

如果价格过高，对 PE 者是利好，如果价格过低，对二级市场的接手者是利好。应该以不恐惧不狂热之平和心态来对待之，市场参与各方应该避免短期思维，形成一个较为公道的价格才有利于市场的长远利益。

4. 初期也许中签率要高

理性对待创业板是理想状态，但非常有可能的是，比较短期行为再现。这样，创业板由于大量的投资者反应不足，也许在初期会比中小板有更加高的中签率。认购可快，接棒要慢。

5. 创业板三原则

（1）避免过度集中化投资。

（2）创业板的投资比例要与风险承受能力适配。

（3）选择质优而非质劣。

创业板的七个思考

创业板价格偏高，谨慎为好，交易价值大于投资价值，是获利良机并不是播种良机。如果价格太高，整体上 100 倍的创业板还不如 48.6 元买中石油，中石油还不会退市，中石油通过收购兼并若干年后还有希望回本。当然，创业板中的高成长公司例外。物超所值才买，供应会非常充裕的，不用着急。

创业板是市场化定价发行，甚至是超市场化定价，风险已经在一级市场中降临。以下七个小问题供思考：

1. 创业板会出现“微软”么？全世界十万只股票中才出现一个微软。

2. 高估值能够延续么？中国创业板是世界性奇迹，全世界估值最高，高估值能够长期维持的概率并不高。也许就是估值顶部区域已经出现。

3. 创业板数量仅仅是 28 只么？对创业板的供应也许还没有深刻的理解，现在是 28 只，但在不长的时间会超过 28 只，而且会远远超过，深圳交易所的股票数量在短时间内会超越上证，且在一个不是太长的时间内会大幅超越上证。

4. 创业板的股票定价要高么？如果这个逻辑成立，1600 家主板的股票就要申请转到创业板上市。这一奇迹就会发生在中国！

5. 创业板应该怎么理解？我觉得还不是主板条件的企业上市之地，

是初级班，但现在初级班的待遇要比中级班和高级班的待遇还高，一个不恰当的比喻是，小学生的工资要比大学生高，估计很多人不念大学了。

6. 高成长怎么理解？高成长往往不一定全部都能够兑现。君不见，十年前高喊打起中国民族工业大旗的公司到现在也没打起，十年前号称每年70%成长的公司到现在也没有成长起来，每年喊给员工加工资不兑现的公司都仍存在而且可能不是少数，美好蓝图并不一定能够实现，这并不是奇怪的事情。

7. 发展初期怎么理解？有可能成为微软，也有可能被微软吃掉。众多上市公司中可能只有一个微软，但更加多的公司是在与微软竞争中倒下了。

坚持就是胜利

很多人都有过这样的经历：股票总是买了就跌，卖了就涨。为什么会出现这种情况？原因之一，就是不够坚持。很多时候，我们要想在投资时获利，贵在坚持。但这种坚持并非盲目的，而是要有底气的，这种底气来自你对自己购买的股票有足够的了解和自信，还来自对当时整个市场投资环境有足够的判断。

“2010 年，坚持就是胜利”，在 2009 年的 12 月份我就做出了这样的研判，这种研判不是空穴来风，而是我对当时的市场环境有一定的判断，并进行了比较理性的分析。

要研判 2010 年的行情，我们当然先要了解 2009 年的经济走势。这种经济走势，包括国际、国内各个方面，还包括上市公司的业绩情况、流动资金是否充裕等等。下面我们来具体分析：

从外围市场经济来看，2009 年的欧美经济已逐渐复苏。

2008 年金融危机后，随着美国政府及美联储刺激经济政策的效果逐渐显现，美国各项经济指标渐次走强。到 2009 年三季度，美国 GDP 环比（折年率）增长 3.5%，比二季度大幅上升 4.2 个百分点，是连续 4 个季度减少后首次实现正增长；同比增速为 -2.3%，比二季度回升 1.5 个百分点，显示美国经济逐渐复苏。多项经济领先或同步指标也显示美国经济企稳回升态势：美国 PMI 自 8 月份以来，连续 3 个月处于衰荣分界点 50 之上；长期贷款利率不断下行，刺激房市企稳回升，据当时的预测，十月份成屋销售增长2.3%，至年率570万户，创下2007年7月以来最高的水平；20个大中城市房价指数同比和环比数据均出现了止跌回升，特别是环比数据回升十分强劲。消费方面，10月美国零售总额环比增长1.4%，明显高于此前市场预期，其中汽车消费在政策刺激效应消失的条件下环比涨幅达8.3%，说明美国消费开始由被动转向主动。而消费重新启动，房地产市场回暖，有助于巩固美国经济复苏基础。欧元区经济也开始复苏，10月份欧元区PMI首次站上了50；欧元区第三季度GDP也结束了连续5个季度的经济萎缩势头，环比增长0.4%，步伐渐行渐近，而之前欧元区部分国家如：德国、法国已经于第二季度提前复苏。

总体来看，欧美等发达国家史无前例的大规模救助及经济刺激计划最终产生了积极的效果，随着去杠杆化进程的推进，消费者信心的恢复，欧美等国经济衰退的坚冰已渐渐消融，复苏的绿芽正待破土而出。根据国际货币基金组织IMF表示，金融状况已经改善，前所未有的政策干预已经减弱了系统崩溃的危险，经济复苏预期已经增强，IMF在最新的预测报告中将2009年全年GDP预测从之前的收缩1.4%上调为收缩1.1%，同时将第二年，也就是2010年GDP增长2.5%上调至3.1%。

欧美经济冰已渐融，绿芽萌生，这是我认为股市仍要坚持的原因之一。

从国内经济来看，中国政府刺激经济回暖的一系列政策，已有了初步的成效。

2009年年初以来，我国政府及时调整了宏观政策方向，宏观政策确定为“保增长、扩内需、调结构”的新目标，实施积极的财政政策和适度宽松的货币政策，从投资、出口、消费、行业振兴、区域经济、深化制度改革等所有层面推出政策组合拳，通过4万亿经济振兴计划、十大行业振兴和调整规划等一揽子经济刺激政策，到2009年三季度中国经济已经取得了显著成效，经济领先其他国家。2009年我国一季度GDP增长6.1%，二季度GDP增长7.9%，三季度GDP增长8.9%，当时预计四季度GDP增长超过10%以上，呈现较为明显的止跌回升走势。

回顾2009年，从对我国GDP的贡献来看，在外需疲弱的情况下，投资和消费承担了经济保“八”的重担。投资方面，上半年政府投资，特别是中央项目投资的快速增长为经济的恢复增长起到积极的作用；下半年随着房地产市场的回暖，以房地产投资为主的民间投资的启动，平稳地接过了拉动经济的接力棒。消费方面，在政府推出一系列刺激消费政策的背景下，例如家电下乡、购车减税等，促使二、三线城市、农村的消费加速，汽车、家电等耐用消费品显著增长；除此以外，在国家一系列利好房地产政策的刺激下，房地产市场销售增长较快，这也带动了家电、家具、装修等下游产品的销售。总体来讲，在出口缺位的条件下，投资拉动在政府和民间平稳过渡，我国消费成为2009年全球经济中的“一抹亮色”，成功拉动当时我国经济的“V”形反转。

从对2009年的经济状况中，我们当时预测，2010年，出口将逐渐恢复，投资日渐平稳，消费会再接再厉，三驾马车齐力拉动中国经济增长。2005~2007年，净出口对经济的贡献率曾达到20%左右，但是由于外需不足，2008年下滑到9.2%，2009年全年当时我们预计贡献为负。但是随着当时欧美等国家经济的逐步复苏，2009年的低基数效应等，我们当时又预计2010年，我国的出口增速将明显恢复。投资方面，2009年由于中央及地方基础设施投资项目的连续性以及对经济复苏的期望，政府及民间投资均有望在今后保持平稳增长；消费方面，在2008年的金融危机当中，我国经济对外需依存度过高的问题彰显的一览无余，所以启动内需成为复苏经济刺激的重中之重。因此，在

2009 年年底，我们预计 2010 年，扩大内需依然是宏观政策的重要目标；而我国二三线城市的消费升级才刚刚启动，潜力依然很大，所以预计 2010 年消费有望再接再厉。

既然我们预计中国经济在 2010 年，出口恢复、投资平稳、消费持续，那么，在股票市场中，2010 年坚持将是一个不错的选择。

相对充裕的资金流动性，让我们更坚定地看好国内市场。

2008 年，美国金融危机引发的金融机构恐慌，导致该年三季度银行间市场流动性趋于冻结，在雷曼兄弟申请破产保护后，市场恐慌情绪导致三个月美元 Libor（伦敦银行间拆借利率）曾在去年 10 月一度攀至 4. 82%。为了应对金融危机，全球央行当时一致性降息，向市场注入流动性，到 2009 年年底，美国联邦基金目标利率已降到接近零的水平，欧元区基准利率也降到了自欧元区成立以来的最低水平。而截止到 2009 年 11 月 16 日，三月期美元 Libor 仍维持低位并持续下滑，仅为 0. 2666%，这显示当时的全球流动性非常充裕。而随着全球经济的逐渐复苏，澳大利亚连续两次加息，引发了人们对新一轮加息周期的来临的预期。但根据 2009 年年底的情况来看，欧美等发达国家的经济复苏仍处于绿芽阶段，还需要政策的呵护，复苏的基础还需要巩固，所以我们当时预计明年，也就是 2010 年上半年全球一致性加息的概率不大，即使加息，也不可能加的太快。总体来看，2010 年全球流动性充裕的基础不会有根本性的改变。

国内来看，2009 年大量的信贷投放为我国带来了极度宽松的流动性环境，成为当年以来我国资产价格上涨不可缺的重要因素。但是巨额的信贷投放为未来的经济过热和通胀带来隐患，所以政府当时已经开始对货币政策开始进行微调。但是由于 2009 年我国经济增长的基础还不稳固，需要进一步加强，所以我们当时预计 2010 年我国信贷增速虽然较 2009 有可能放缓，但依然有望保持平稳。

2009 年，人民币升值预期导致热钱的流入以及居民储蓄搬家将为资本市场注入新的流动性。随着金融危机后中国经济的强劲复苏、出口下滑速度减缓，以及自 2008 年中期以来人民币实行盯住美元汇率，导致对欧元等货币贬值的做法，促使人民币升值预期在 2009 年被重新点燃。截止到 2009 年 11 月 20 日，海外人民币无本金交割远期（NDF）市场的一年期美元/人民币 NDF 为 6.6315，隐含人民币升值 3%左右。而人民币升值预期导致热钱流入成为资本市场流动性的重要来源，据央行统计的数据显示，粗略按照 2009 年 11 月外汇储备的增加额减去当月的贸易顺差以及 FDI 作为热钱的衡量指标，自 2009 年 3 月份以来热钱由流出变为流入，从 2009 年 3 月到 9 月热钱累计流入 2，185.34 亿美元。储蓄搬家也为当时市场流动性提供有力支撑。随着资产价格的不断上涨，居民储蓄的活期化程度不断加强。2009 年 10 月份 M1 同比增长 32.03%，M2 同比增长 29.42%，均创新高，M1 与 M2 的剪刀差扩大到 2.61 个百分点，显示存款活期化程度加强。另外，继七八月份居民户存款分别减少 436 亿元、439 亿元之后，10 月份居民户存款同比减少 2507 亿元，显示新一轮储蓄搬家正在上演。因此，我们当时预计，2010 年热钱的流入和储蓄搬家能够持续为国内市场注入流动性。

业绩：上市公司利润逐渐恢复增长。

随着金融危机后国内及发达国家经济的逐步复苏，不同行业上市公司的业绩也将逐步显现。2009 年中报 A 股可比公司共实现营业收入 50600.81 亿元，同比下降 11.82%；共实现营业利润 6317.74 亿元，同比下降 10.57%；共实现归属母公司净利润 4775.26 亿元，同比下降 13.62%。2009 年三季报 A 股可比公司共实现营业收入 79852.34 亿元，同比下降 7.60%；共实现营业利润 10055.31 亿元，同比上升 2.98%；共实现归属母公司净利润 7646.77 亿元，同比下降 1.59%。上市公司业绩呈现明显的逐季改善迹象。从增长结构来看，2009 年，公用事业、内需型行业的业绩增长较快，而下游原材料、外需型行业的依然处于负增长。随着今后外需逐渐转暖、下游原材料价格的快速回复，当时我们预计四季度及 2010 年下游原材料、外需型行业的业绩也将逐渐回暖，从而带动整体上市公司业绩的增长。2009 年年末，市场一致性预期 2009 年全年净利润增速为 19%，2010 年为 24% 左右，对应 2010 年的动态市盈率为 21.7 倍左右，上市公司业绩的增长有助于降低 A 股市场整体估值水平。

经济复苏了，股市也会渐渐转好，但短期来说，股市的走势与经济的发展未必一定吻合。股市震荡是常有的事。既然我们要坚持，那么，我们就需要对投资市场进行研判，究竟这是个震荡市呢，还是进入了所谓的“熊市”。

自 2008 年的 1664 始，到 2009 年，A 股出现了超过 100% 的涨幅。从估值水平、市场情绪、监管层态度、经济环境以及全流通市场带来的利益一致性等几个方面来看，我们当时判断，A 股市场震荡上行、重心不断上移的概率较大，但上涨速度会放缓。

首先，从估值水平来看，2009 年三季度 A 股市场整体的市盈率（TTM）水平仅为 26 倍，市净率为 3.5 倍；虽然与 2008 年的 1664 相比，估值水平已有较大的提升，但是与 2007 年的 6124 时市盈率高达 52.06 倍、市净率高达 7.73 倍的情况相比较，此时的估值水平依然处于合理的水平。而且伴随着 2010 年经济复苏进程的逐渐推进，上市公司的业绩也将逐渐恢复，市场的长期估值水平也将逐渐降低。

其次，市场情绪方面，6124 点“疯狂”，而 2009 年的市场依然“谨慎”。巴菲特有句名言，在别人恐惧的时候我疯狂，在别人疯狂的时候我恐惧。在 2007 年牛市的顶峰 6124 时，市场情绪可以用狂热来形容，“黄金十年”、“大国崛起”和“万点论”等观点充斥市场。而

2009年的市场情绪则截然不同，警示风险的声音比比皆是，“经济二次探底”、“资产泡沫风险上升”、“市场扩容压力”等观点表明2009年的市场并没达到狂热的程度，因此当时我们认为，对2009年乃至2010年的市场也不应该过度恐惧。

再次，2010年，全流通进程的逐渐完成将催生一个大小股东利益一致、以长期价值投资型的证券市场。2010年无限售条件股票的份额逐渐增加，将由年初的13717.16亿股扩大为17567.27亿股；无限售条件股份占A股总股本比例由72.5%增加为90.91%，全流通进程基本完成。短期来看，全流通对于市场来说是一个大利空，大小非的抛售使得市场上涨动力受阻。但是长期来看，全流通使得控股股东与中小股东的利益趋于一致；在全流通时代，控股股东将资源注入上市公司，可以在获得二级市场的股权溢价，而中小股东也可以获得股价上升带来的财富增值。全流通市场与以前的市场相比有本质区别，随着全流通进程的完成，全社会和国民经济的优质资源将逐渐通过IPO、资产注入、整体上市等多种途径向上市公司集中，这将使得我们证券市场具备真正意义上的投资价值的基础，而不再仅仅是一个融资的场所。此外，在全流通背景下，管理层会鼓励企业在并购交易中以股票进行支付，同时“市值管理”概念还可能引入央企考核范畴，这将有效改变大型国企的行为模式。如果说2007年的行情因股改而启动，那么我们判断金融危机后的这轮行情则可能从全流通开始，而全流通行情在一年左右的时间就结束的概率较小。

监管层态度的不同也是一个值得关注的差异。供求关系始终是决定证券市场最主要的因素之一。融资速度和资金供给速度的匹配与否，是市场健康发展的基础，融资速度大于资金供给将使市场承压，而资金供给速度大于融资速度将导致市场上涨过快甚至泡沫快速膨胀。而2009年国内新股发行监管制度实行核准制决定了监管机构是影响证券市场的供求关系最主要的因素。2007 年的 6124 点前后，监管机构通过核准中石油和中国远洋这样的大股票上市，来缓和紧张的供求关系，平抑资本市场泡沫。而 2008 年金融危机后的上涨行情以来，监管层在恢复股市正常的融资功能和防止市场过快扩容方面显得小心翼翼，表现为监管层以多次、小幅度调整节奏为主，这种情况在 2009 年年底尚未转向。

最后，市场环境已经发生了根本变化。2007 年的牛市是在海外市场已经上涨五年的背景下诞生的，期间还伴随着人民币的巨幅升值以及对外贸易的持续发展；但是伴随着全球经济的快速增长，全球资产泡沫逐渐积累、美国次贷市场的风险等问题逐渐显现，全球经济增长不平衡的矛盾也越来越突出，导致全球的资本市场在 2008 年出现大幅下跌。但 2009 年海外市场才上扬数月，各国经济仍处于恢复过程当中，而扩张政策的退出也应该是以全球经济复苏为前提。在这种背景下，市场首先是受益于扩张型政策，其次将受益于全球经济的全面复苏。

由此，我们在 2009 年底对 2010 年的市场得出研判：2010 年的 A 股市场是个震荡上行的市场，重心不断上移的概率较大，但上涨速度会放缓。

震荡上行行情下的“坚持”，我们也需要防御风险，并进行资产的最佳配置。

从 2009 年的一系列政策和经济发展趋势，我们认为 2010 年市场行情的整体特点是，出现大泡沫和出现极端低迷行情的概率都非常低。2010 年 A 股市场将实现全流通，产业资本渐渐取代基金成为市场主导，出现高度泡沫时，空头有重武器制衡，而出现极端低迷情况，也不符合 2009 年的基本因素。另外，如果 2010 年融资融券和股指期货等工具逐步推出，以及证券发行继续受到控制，整个市场长周期的波动幅度将减小，但短周期的波动将加剧，市场结构以及部分板块则可能面临较为激烈的调整，局部泡沫也有可能出现。实际上，最恐慌性抛售，在2008年应该已经终结，出现同样级别恐慌的情况概率偏低。市场主体的投资机会与阶段性和结构性机会并存的局面将有可能在2010年出现。

最佳的资产配置时机是在在2008年的金融危机时，虽然2009年的股市已经有了一定的涨幅，但震荡上行的行情下的2010年，我们仍然可持有股票、房产，在这种情况下，我们做投资，建议关注3个投资主线：（1）上市公司业绩回暖；（2）产业整合与资产注入；（3）低碳、环保、新能源、新材料及高新技术的应用等。

既然是震荡行情，投资的风险我们也是需要时刻保持警惕。还是以2009年到2010年的行情为例，我们需要关注到：如果2010年经济复苏进程缓慢，上市公司业绩增长低于预期，A股的估值会承压。而且，随着行情不断上涨，局部泡沫会出现，大小非减持动力也越来越大，再融资、IPO、创业板和国际板等会使行情受压。此外，货币政策和财政政策的微调力度对市场有很大的影响，如果这些利好政策过早退出，将使市场受压。国家对房地产相关政策的态度将对经济复苏速度起决定性作用。因此，当出现涨速过快时，股票市场政策风险是要考虑的一个重要因素。但如果离场的信号并未出现，那么，坚持就是胜利。

大跌自有原因

股市很难预测，大跌、急跌常有，每遇到这种情况，常常会引发市场恐慌，大家害怕这将引发系统性风险，股市将“跌跌不休”，其实，恐慌无用，最重要的是要找出大跌的原因，以及时作出应对之策。

我们以2010年4月19日的那场突如其来的下跌为例，分析一下这其中的原因。

2010年4月19日，A股市场急速下挫，截止收盘时，上证综指下跌150点，跌幅达4.79%。其中房地产板块领跌，房地产指数下跌幅度达8.14%。

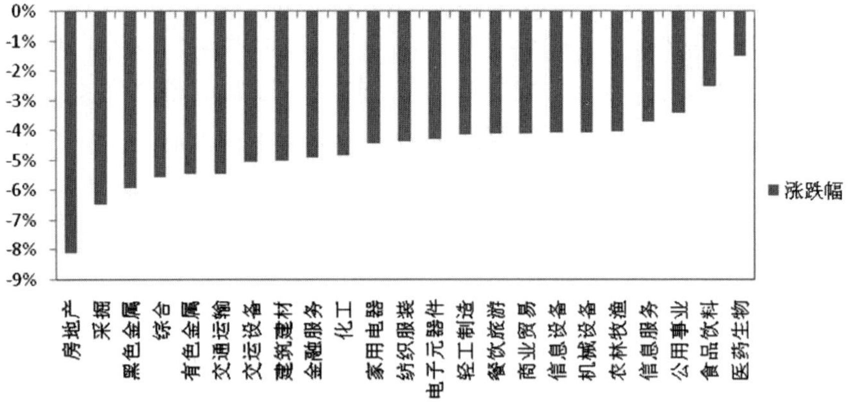

图1　各板块跌幅情况

来源：wind，英大证券研究所

一般来说，导致 A 股市场大幅下跌的主要是外因和内因两方面共同作用的结果，外因方面，当时高盛被爆因涉嫌金融欺诈而被美国证券交易委员会起诉的事件；而内因方面，国内严厉的房地产调控政策导致房地产、金融行业承压。

1. 我们先来分析一下外因——“高盛门”事件

美国高盛集团 2010 年 4 月 16 日被曝卷入华尔街一起金融欺诈丑闻，美国证券交易委员会对高盛公司提起民事诉讼，指控这家华尔街巨头在次级抵押贷款相关金融产品交易中涉嫌欺诈，导致投资者损失大约 10 亿美元。受此消息影响，海外股市当天应声下挫，从而结束了美股此前连续六周上涨的势头，道琼斯工业平均指数下跌 125. 91 点，跌幅 1. 13%；纳斯达克综合指数下跌 34. 43 点，跌幅 1. 37%；标准普尔 500 指数下跌 19. 54 点，跌幅 1. 61%。海外其他市场均受到此消息的负面影响，纷纷下挫。另外，期货商品包括石油、黄金、金属等期货产品也受到影响。

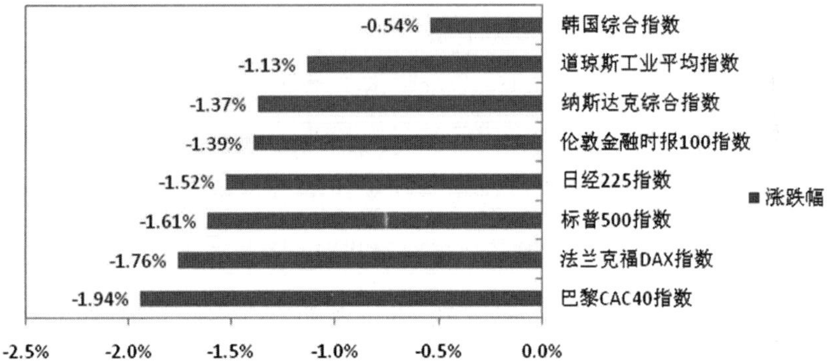

图 2 海外主要股指纷纷下跌

来源：wind，英大证券研究所

高盛公司在随后的声明中对于 SEC 的指控坚决否认，声称其完全履行了信息披露义务。高盛称，在这次交易中也损失 9000 万美元、交易最大投资方 ACA 公司负责了资产组合的选择而保尔森对冲基金只是参与了讨论；高盛还称，从来没向 ACA 说明保尔森是多头方。

如此看来，高盛欺诈事件对于全球资本市场的影响只是阶段性的，由于高盛公司其大到不能破产的规模，决定了高盛出现类似雷曼兄弟破产事件的概率非常低。因此，当时我们认为该事件的最后结果很可能是高盛与 SEC 达成和解。所以该事件最终演变成系统性风险的概率较低，对于美国市场的走势不会产生趋势性的影响。

但是，该事件是否标志着美国监管层会对金融机构实施更加严格的监管？美国监管层是否会继续对金融危机“秋后算账”？将来是否会有更多银行面临类似起诉？这些问题在当时的情况下还尚难有定论，需要进一步观察该事件的进程。但，我们初步判断，出现系统性风险概率偏低。

2. 内因——抑制房价上涨的“新国十条”出台

国务院在 2010 年 4 月 17 日发出《关于坚决遏制部分城市房价过快上涨的通知》，提出十条举措，遏制部分城市房价过快上涨，多管齐下新增多项调控措施，尤其是在对“抑制不合理住房需求”方面出重拳，其力度和可操作性远盖过 2007 年。房地产板块受此负面消息影响，在 4 月 19 日领跌 A 股市场，下跌幅度达 7.57%。

我们认为随着这些新房贷政策的逐步实施，可以有效抑制部分城市（比如北京、上海、深圳等）的投机活动，市场最终恢复平稳增长的可能性比较大，从而降低房地产过快上涨引发泡沫破灭的系统性风险，合理引导房地产市场的健康发展。但是，从短期来看，政策方面的因素将导致房地产板块承压。但是由于当时房地产企业资金较为充足，不会出现类似 2008 年那样的房地产企业资金链断裂的现象。而且这次下跌后，股价已经基本上反映了房价的下行风险，而随着 2010 年下半年房地产市场进入整固期以及政策调控预期的平息，我们预期地产股票有望逐渐稳定。

分析了市场的大跌的原因，我们再来对市场进行一个研判。我们分为短期行情的研判和长期行情的研判，这样有助于我们更清楚地看清市场的真面目。

1. 短期行情研判

依 2010 年 4 月份的情况，高盛欺诈事件对美国以及全球资本市场仅仅是短期的影响，而房地产板块自 2009 年 8 月份以来的深幅调整也已经基本上反映了未来政策对行业的负面影响。所以我们可以初步判断，4 月 16 日所谓大盘的急促下跌属于对内、外两个负面事件的市场反应，属于急速的短期市场调整，而不构成市场趋势变化的转折点。外围市场方面，4 月 18 日晚暂时没有出现进一步的下探，美股出现了 0.5% 的反弹，这对 A 股市场的稳定提供了一定基础。

2. 中期行情研判

先来分析一下基本面。2010 年全球经济复苏的态势非常明显；从中国的情况来看，经济复苏的情况是要优于其他国家，这从各方面的经济指标都有反映。而随着时间的推移，宏观经济的回暖将带动上市公司业绩的确定性好转，使得相关上市公司上行驱动力在渐渐增加。不过，随着行情不断上涨，局部泡沫已经出现，大小非减持动力也越来越大，做空机制、再融资、IPO、创业板和国际板等会使行情受压。总体来讲，市场震荡偏强的概率偏大。

除了股市，这种内外因对其他行业也造成了不小的影响，全面地分析这些影响，能从中找到自己未来的投资决策。

1. 对房地产行业的影响

（1）2010 年 3 月房价快速上涨引发严厉调控政策

国家统计局发布的数据显示，2010 年 3 月份全国 70 个大中城市房屋销售价格同比上涨 11.7%，超过 2008 年 1 月 11.3% 的涨幅，创历史新高。具体来看，3 月份新建住宅销售价格同比上涨 14.2%，新建商品住宅价格同比上涨 15.9%。这种态势引起社会舆论的广泛关注和政府的高度重视。政府出台更严格、更有力的调控措施的预期就越来越强。4 月 14 日开始，新的调控政策如期而至，力度之强为历史罕见。

（2）调控政策的影响分析

①增加供给、抑制不合理需求双管齐下

当时的调控政策侧重强调信贷手段，实行更为严格的差别化住房信贷政策，主要体现为：

- 对于首次购房且面积较小的家庭，政策未发生变化；
- 对于首次购房但面积较大的家庭，首付比例从 20% 提高到 30%，贷款利率政策未变；
- 对于购买二套房的家庭，首付比例从 40% 提高到 50%，贷款利率做出最低限要求；
- 对于购买三套房的家庭，要求大幅度提高首付款比例和利率水平，甚至暂停发放贷款；
- 限制非本地居民购房。

由此可见，这次信贷政策的初衷依然是保护刚性住房需求，限制投机性住房需求。可能产生的主要影响：

- 对于首次购房者影响主要在于购房面积的控制，而参考目前的房价水平和首次购房者的一般收入水平，购买 90 平方米以上住房的比例较小，因此，预计影响不大。
- 对于购买二套房及以上的家庭，此次政策的抑制作用较为显著，首付和利息的提高将减少或推迟部分改善型购房需求和投机投资需求。
- 总需求的减少将降低房价疯长的推动力，有利于房地产市场的降温和房价的稳定。

除了信贷政策，增加有效供给也是此次政策措施的主要内容之一。

会议中提到，要增加居住用地供应总量，大幅度增加公共租赁住房、经济适用住房和限价商品住房供应，要加快保障性安居工程建设。而就在4月19日国土资源部召开的新闻发布会上，公布了2010年住房用地供地计划的有关情况。该供地计划完全符合会议提出的要求，住房用地供应总量大幅增加，保障性住房用地供应大幅增加。这表明政府近年在调控房地产市场的手段上，更注重采用市场化的措施，尽量减少行政干扰。住房供给的增加不仅能有效地缓解房价上升的压力，同时也很妥善地解决了较为困扰的民生问题。

与2010年年初的一系列政策相比，此次政策侧重于从抑制不合理购房需求的角度遏制高房价，而之前则重点在提高住房供给方面。在供给增加、需求下降的两方面手段作用下，相信房价的过快上涨将得到有效控制。

与2007年“9·27”政策相比，这次政策对于二套房以上购房需求的压制力度更大，且着重加强了首付比例要求及贷款量控制。可以看出，政府在担心高房价问题的同时，更怕过热的房地产市场可能引发的金融风险。国际和历史经验都警示我们房地产泡沫破裂带来的可怕的经济和金融危机。因此，政府将购房首付比例提高到前所未有的高度，甚至要求停止某些购房贷款。

②对于当时情况下，未来可能出台的调控政策展望及分析

提高房款首付款比例只是房地产调控政策的一个方面，而政府面对过热的房地产市场计划打出的是一套“组合拳”。从这次会议提出的具体措施内容，我们还看到了其他可能出台的调控政策：一、税收手段方面，加快研究制定合理引导个人住房消费、调节个人房产收益的有关税收政策。二、土地出让制度方面：在坚持和完善土地招拍挂制度的同时，探索“综合评标”、“一次竞价”、“双向竞价”等土地出让方式。三、企业融资方面：对存在捂盘惜售、土地闲置等违法违规行

为的房地产开发企业，限制新购置土地，暂停批准上市、再融资和重大资产重组，商业银行不得发放新开发项目贷款。

对于税收手段，我们认为，新税种的正式征收需要一个过程，短时间内应该不会出台，近期将主要还是以预期的方式影响市场，但是不排除顽强坚挺的房价迫使政府加快相关税收政策出台的速度，从而较为剧烈的影响房地产市场。

对于土地出让制度，我们认为，土地出让制度的变更也非一朝一夕之事，但新制度的试点和推出相对新税收的增加较为容易，首先推出新土地出让制度地方试点的可能性相对较大。

对于企业融资，我们认为，政策主要针对的是当时存在捂盘惜售、土地闲置等违法违规行为的房地产企业，但相关政府部门有可能将政策延伸到整个房地产行业，对于所有房地产企业的新上市、再融资申请、资产重组、新项目贷款等融资要求予以限制，从而缩紧房地产企业资金来源，迫使房地产企业提早降价。

相信在这次会议精神的指引下，近期各地方政府和其他相关政府部门将密集推出一系列具体配套措施，但预计以细化和加强国务院的总体政策方针为主，国务院出台其他新调控政策的步伐预计将根据市场反应再适时调整。

（3）房地产行业投资策略

这种情况下，我们建议投资者采取以下投资策略：

- 注意规避行业投资的政策风险，近期以回避观望的投资态度为主；
- 对于以高端房地产和一线城市为主的房地产企业，后市持谨慎观望态度；对于二三线城市房地产龙头，后市有望企稳回升。
- 密切关注市场动态，等待适当时机介入超跌高价值个股。

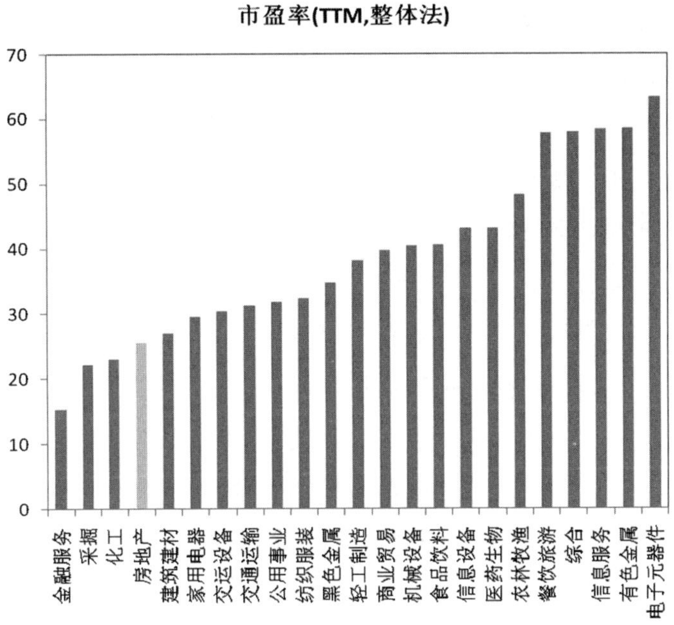

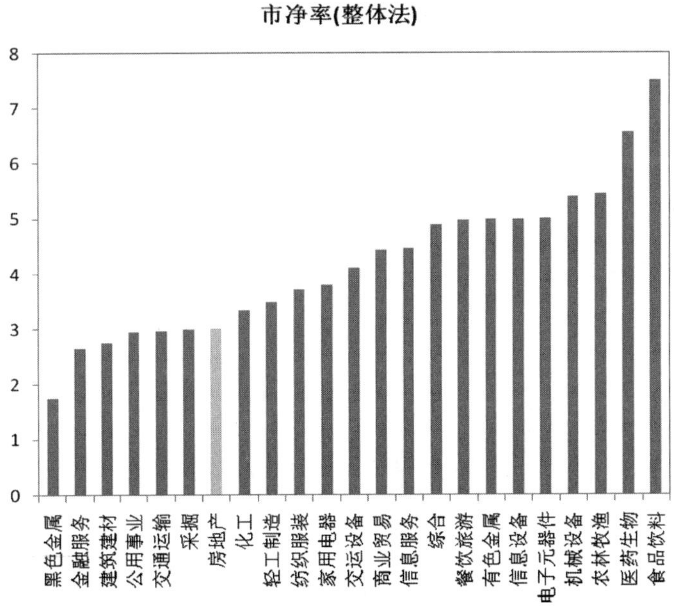

图 3　房地产板块估值水平处于下游水平

来源：wind，英大证券研究所

2. 对银行业的影响

房贷新政对银行影响总体中性，2010 年 4 月 16 日的下跌走势表明市场对银行股的担心被放大，下跌后的银行股估值的安全边际高，因此，银行盈利预测下调的风险不大。房价下行对银行的负面影响更多体现在投资者对银行资产质量的担忧，不过，我们认为这一负面影响是短期的，有限的。

（1）房产新政有望提高银行资产质量

首付比例提高有利于银行信用风险防控，首付比例的提高为银行的信贷质量提供了保证；严格二套房贷利率为基准利率的 1.1 倍，有利于银行净息差的回升。之前由于较为宽松的信贷政策和银行争夺住房按揭贷款的市场份额，实际执行过程中，不少二套房贷利率可能执行 8.5 折甚至更低折扣的利率政策，这次利率提高，有利于提升贷款收益率。第三套房可停止贷款的政策，也给银行提供选择的机会，防止多套房贷的资产质量出现问题。

（2）这种情况下，2010 年房贷有望保持“价升量不跌”

我们判断，银行业短期略有负面影响，但长期利好。短期政策调控对楼市成交量的影响会大于按揭利率提升的影响，按揭业务将承压。不过随着政策利空的消化，刚性需求将使观望的自住性需求迅速回升。

由此看来，2010 年信贷总量增长总体所受影响很小。一方面，房贷新政导致按揭贷款中投资投机需求下降；另一方面，政府会扩大土地和房屋供给，增加普通房、廉租房等的供应，相关贷款需求会增加；同时 2010 年贷款规模控制目标 7.5 万亿元并未缩减，房贷新政的影响更多地体现在贷款结构的调整，而对银行贷款总量的影响有限。另外，如果管理层接下来加息调控地产，那么对银行的净息差的回升或构成利好。总体来看，房贷新政对银行贷款中性略偏利好，即“价升量不跌”。

（3）银行业投资策略

4月26日开始银行将进入2010年一季报发布期，一季报业绩有望实现30%的增长，提振银行股投资信心。除了银行基本面景气回升外，支持银行股走势的因素还包括：①银行再融资方案基本明晰，靴子落地效应；②农行上市实质影响偏正面，虽然心理影响博弈有可能使银行股发生波动；③银行股相对大盘依然处于低位，人民币升值预期、股指期货融资融券试点等将有助于估值提升等。

银行股虽然短期内会因为地产的调控承压而休整，不过由于当时的银行估值偏低、一季度业绩大幅增长，从股价看，我们看好银行业二季度的机会。

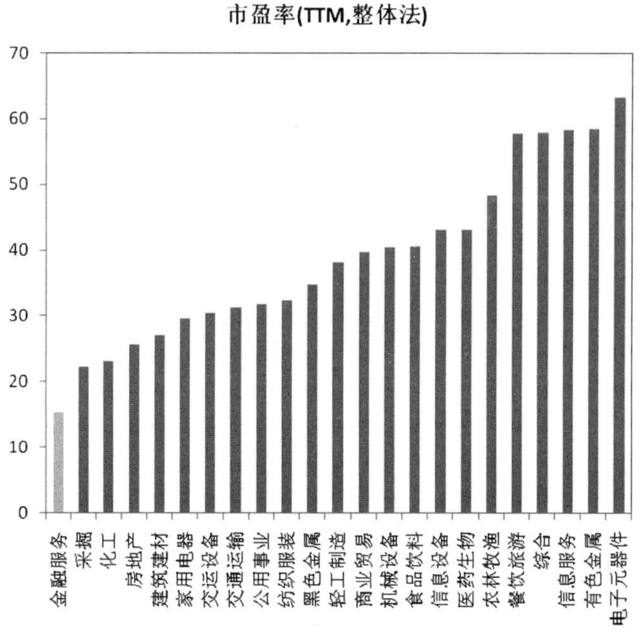

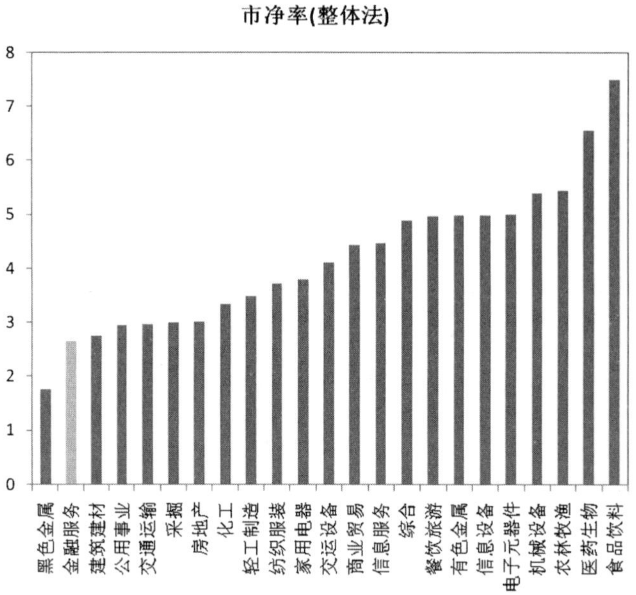

图 4　金融板块估值水平处于下游水平

来源：wind，英大证券研究所

3. 对钢铁、有色金属行业的影响

房地产作为钢铁、有色金属主要下游行业之一，其增长速度对于相关品种的市场需求量将有一定影响。我们认为，该政策组合拳的出台对于钢铁行业、有色金属的影响预计将通过以下两个方面进行传导：

（1）房地产需求减缓将降低房地产企业开发的积极性

当时，房地产投资性需求比较大，而新政出台的目标首先是打击投资性购房，这对于房地产投资需求将有一定抑制作用，并很可能导致部分刚性需求者形成观望态度，进而对未来一段时间内的房地产需求产生影响，再进一步传导至房地产企业的开发热情。相应的，其对于建筑用钢（包括螺纹钢、线材等）、有色金属的需求将会出现一定程度的减少。由于施工面积当时还处于高位，而在建房产是无法停建的。同时，数据显示一季度新开工面积增幅较大，依然处于高位，实际开工则会在6个月以后表现出对于钢材的需求。预计对于房地产开发的影响真正起作用至少是1~2年之后，因而对于钢材、有色金属需求的影响可能在短期内难以发挥作用。

（2）国家对于囤地打击力度反而会促进短期内施工面积增加

由于开发商当时拥有的土地较为丰富，其开发进度受到国家对土地开发时间限制的影响，将会在随后的两年相继上马。正是这种原因，即使房地产价格下跌也不会立即导致开发商停止土地开发和建设，相反会增加集中建设的项目，进而促进建材、相关有色金属的需求增加。

综上，房地产政策对钢铁行业及有色金属的影响短期内不仅不会呈现，反而对在一定程度上促进建筑钢材及有色金属需求量的增加，但对长期影响还将有待于观察其政策效应对于房价的实际效果。

4. 房地产新政对建材行业的影响

国家针对房地产出台的新政，在未来将从信贷与预期两个方面影响房地产行业。国家这次出台的政策，主要针对的是当时房地产行业内存在的投资性需求，而对自住性需求影响不大。抑制房地产的投资性需求，将会一定程度上影响房地产下游的需求，从而将对开发商的投资热情有一定的影响。但随着房价的下跌，一部分自住性的刚性需求也将会体现，从而将在某种程度上支持房地产开发商的投资预期。同时，考虑到房地产开发商的库存当时仍处于底部区域，开发商资金充沛，加大开工力度的意愿仍旧强烈。为此，我们认为这次房地产新政对我国房地产开发投资的影响有限。

同时，国家为了缓解当时的高房价，解决民生等问题，陆续出台了一系列增加房屋供给的措施，例如，保障性住房、棚户改造计划等。这些措施的施行，仍将有效增加房屋供给，从而带动房地产开发投资的兴起，进而将很大程度上带动房地产投资的高速增长。

综上所述，我们预期2010年房地产的开发投资增速仍将可以保持在较高的水平，预期同比增速不会低于20%。房地产投资的高速增长，将会大幅带动其对上游的建材需求。尤其是东部等房地产投资占整个固定资产投资比重较高的区域，将会充分受益。

“跌跌”不休，何时是尽头?

市场如果“跌跌”不休，何时才是尽头呢？股市虽不可预测，但经过理性分析后的研判，胜算的概率又要大出许多。

上篇文章，我们分析了2010年4月16日股市大跌的原因，这虽是一个短期现象，但何时能企稳呢？市场是变幻莫测的，此后一个月，股市一路下跌，截止5月17日收盘于2559点，下跌幅度达19.5%。

我们通过分析知道，导致大跌的因素主要是中国的房产新政以及外围市场的“高盛门”事件等。但是如此“跌跌”不休，这就让我们不得不提高警惕，根据市场行情的变化，不断调整我们的投资思路。下面，我们再以此次的“跌跌”不休为例，谈谈“何时是尽头”。

一、“跌跌”不休，原因何在?

1. 房地产新政是个动态过程。

房地产新政可谓是当时左右市场走势的一个重要变量，当时市场出现了两种观点：

（1）新政将导致房地产价格出现大幅下跌。由于房地产市场涉及的产业链非常长，房地产价格大幅下跌会影响中国经济的平稳增长，造成大的损害，所以看空这个市场。

（2）还有一种观点，目前房地产政策的思路是抑制房地产价格过快上涨，并不是以造成房地产市场的下跌甚至崩溃为目的，而是让房地产市场实现稳定健康发展。

新政的出台导致当时楼市成交量萎缩，部分城市房价也出现了一些下跌。而我们通过初步判断，房地产市场由于新政的影响，价格会出现一定幅度的下跌，但下跌的幅度会小于2008年，房地产市场不会崩溃而造成对实际经济的伤害。但是，未来还需继续观察政策的后续动向，房地产后续调控政策是进一步收紧还是再慢慢放宽，这些都有待观察，是一个动态的过程，并不是一锤子买卖的事情，毕竟前面出台的政策也是渐进的。如果后市还有继续收紧的政策，房价继续下跌，那么我们对房地产市场的看法要做进一步的修正。如果出现了一些稳定市场的信号之后，政策的力度不再加强，或者在调整之后有所稳定，那么可能市场将逐渐趋于稳定。

2. 欧洲国家债务危机引发避险情绪升温。

高盛门事件后，希腊债务危机引发市场对于危机向其他债务过高的欧洲国家扩散的担忧。2010年5月欧洲2010年平均的债务/GDP比值为84.0%，远高于马斯特里赫特条约规定的60%的红线水平。排名前三的是希腊、意大利、比利时，债务/GDP比值分别为124.9%、116.7%、101.2%。对于债务危机扩散的担忧引发市场变现情绪再度升温，衡量市场恐惧情绪的CBOE市场波动性指数（VIX）由4月初16左右，最高上升至40左右，5月中旬回落至31。而避险情绪也导致资金纷纷从高风险的股市撤出，转向美元、黄金两大避险工具。截止5月17日，美元指数已经上涨至86.29，黄金也再次站上1200美元/盎司。而全球风险类资产如股市、大宗商品则都出现不同程度的下跌。

3. 资金供求关系出现失衡。

导致市场不断下跌，还有一个主要原因——当时的资金供求关系出现失衡。2010年，融资速度相对过快、大小非解禁导致有效流通市值快速增加等因素导致资金需求加快，而资金供给则显得不足，导致资金供求关系出现失衡。

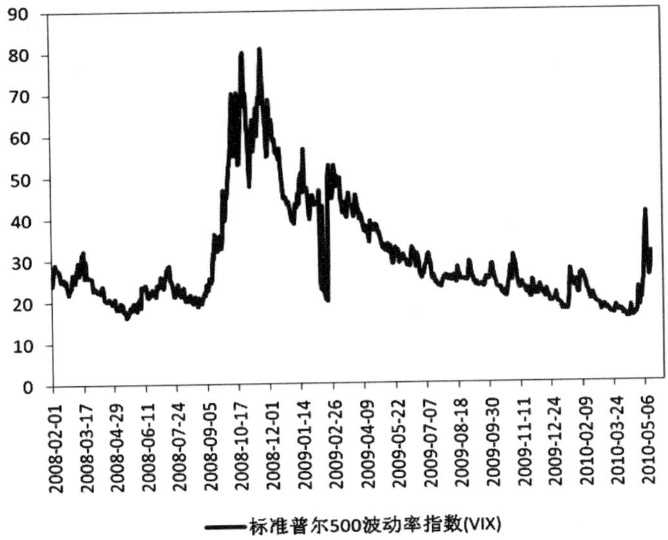

图1 CBOE 市场波动性指数（VIX）大幅上涨

资料来源：wind、英大证券

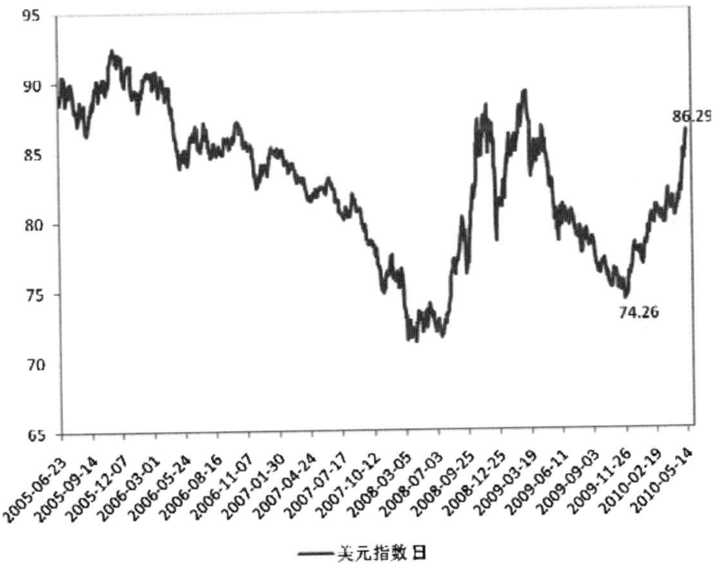

图2 美元指数大幅上涨

资料来源：Wind，英大证券研究所

（1）融资速度较快，对资金的需求较大。2010 年 1 ~4 月份，A 股市场融资额合计为 2646. 34 亿元，比 2008 年 1 ~4 月份的 1845. 12 亿元增加 801. 22 亿元，为此前 4 年以来最高。预期未来 A 股市场也还存在较大的融资压力，光大银行、农业银行等大型 IPO 项目纷纷启动，银行再融资压力已然是箭在弦上。

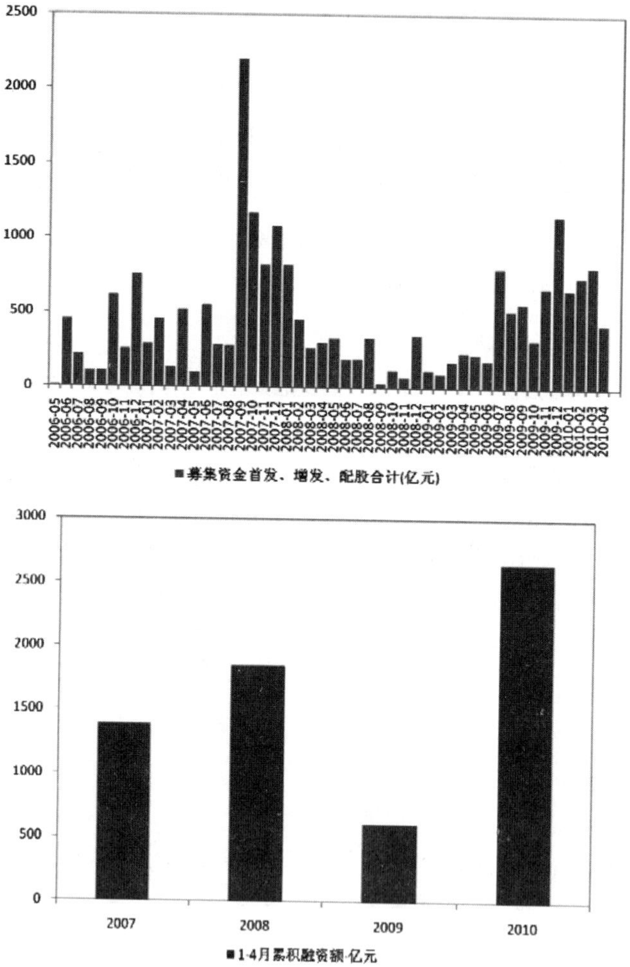

图 3　2007 ~2010 年 A 股市场融资额情况

资料来源：Wind，英大证券研究所

（2）随着全流通进程的逐渐完成，有效流通市值（剔除解禁后大股东持有的股份）也逐步扩大，给市场带来较大的资金需求。2010 年 1 月 1 日，A 股无限售条件股份占总市值的比例为 61.28%；截止到 2010 年底，无限售条件股份市值占 A 股总市值比例将增加为 90.04%。流通股比例的扩大必将带来有效流通市值的增加，给 A 股市场带来资金压力。而随着全流通进程的完成，产业资本渐渐取代基金成为市场主导，A 股市场的估值水平将进一步趋于合理，出现高度泡沫时，产业资本有重武器制衡，而出现极端低迷情况，也不符合大股东的意愿从而增持股票。

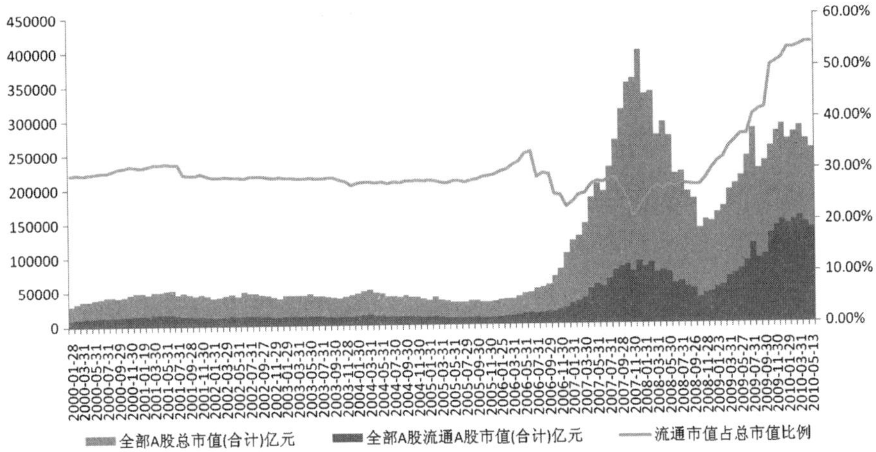

图 4　A 股市场流通市值占总市值的比重

资料来源：Wind，英大证券研究所

（3）资金供给方面，2010 年以来，央行先后 3 次调高了存款准备金率，到 2010 年 5 月各商业银行准备金率已高达 17%，几乎接近了历史高点；M1、M2 增速见顶回落，显示 2009 年超宽松的流动性环境已经悄然转变。

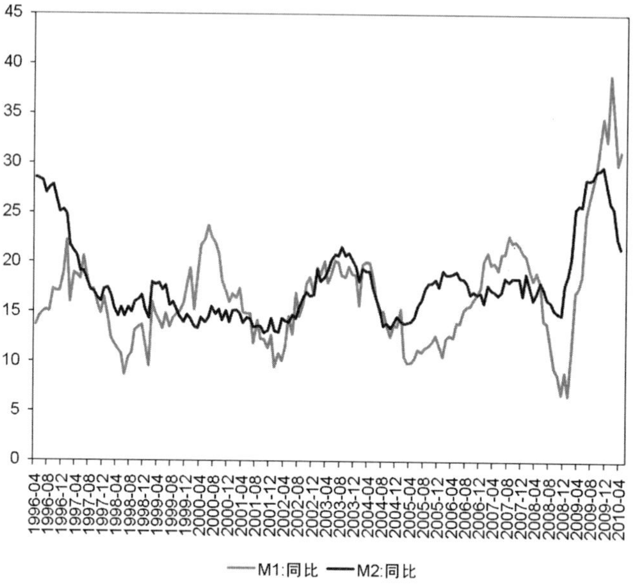

图 5　M1、M2 同比增速高位回落

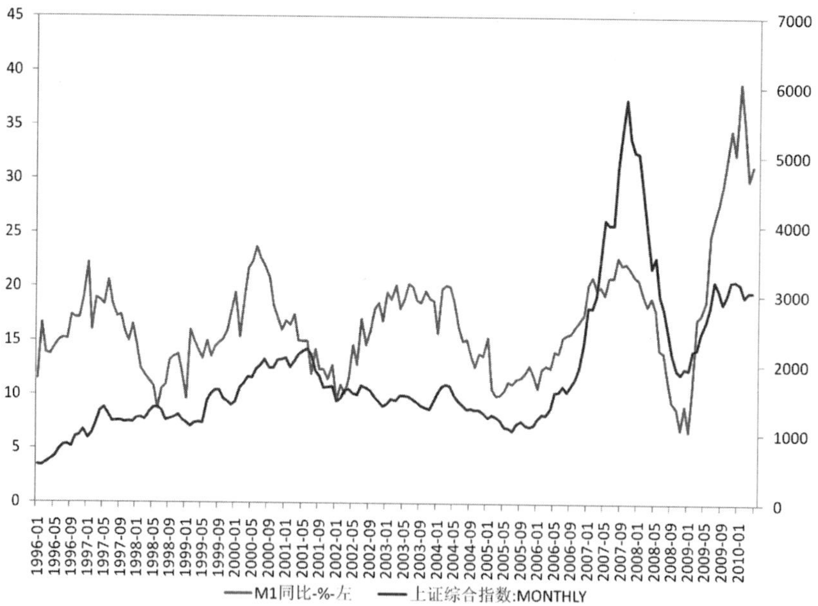

图 6　M2 增速与上涨指数的走势图对比

资料来源：Wind，英大证券研究所

4. 股指期货导致市场风险放大。

2010年4月股指期货的开通，为我国证券市场增添了一个新的变量。股指期货是一种金融创新产品，标志着我国证券市场向成熟市场迈进一步。股指期货带来的双向交易机制，不仅是一种风险管理工具，也是一种投机工具。股指期货的高杠杆特性，导致在市场上涨的时候放大收益，而在市场下跌中也放大风险。在房地产新政和欧洲债务危机内外双重因素的压力下，股指期货的推出无疑对市场的下跌起到推波助澜的作用。但从长远来看，股指期货的推出将有利于A股市场估值更加合理。

二、大跌下A股市场外部环境分析

1. 政策逐渐进入稳定观察期

2010年一季度，我国GDP增长11.9%，固定资产投资较快，房价持续上行引发经济过热担忧，国家连续三次提高存款准备金率、并密集出台了多项楼市调控措施，以抑制经济过热及房地产泡沫的进一步扩大。随着一系列政策的出台以及欧洲债务危机引发全球经济再次下滑的担忧。国务院总理温家宝5月份在天津考察时特别强调要防止多项政策叠加的负面影响，始终合理把握政策力度。国家主席胡锦涛也表示，由于全球经济复苏的基础尚不牢固，各国应继续实施当初应对金融危机的刺激性举措。所以，我们预计我国宏观政策将进入一段时间的稳定观察期。

2. 宏观经济二次探底概率偏小

2010年5月，市场上对于经济二次探底的忧虑再次升温，主要原因在于：①欧洲债务危机导致全球经济下滑，从而拖累我国；②欧盟是我国第一大出口市场，欧元汇率大幅贬值，引发市场对于我国出口下滑的担忧；③房地产新政导致房地产投资增速下滑，以及拖累房地产上下游产业链的需求下滑。

我们认为随着欧盟成员国达成总额 7500 亿欧元的救助机制，以帮助可能陷入债务危机的欧元区成员国，防止希腊债务危机蔓延的措施出台，欧洲债务危机蔓延并引发经济二次探底的可能性大大减少；而房地产新政中除了抑制房价过快上涨之外，还有增加房地产供给的措施，这将有助于保证房地产投资的平稳增长。而我国刺激消费政策的延续也有助于平稳消费这架马车的对经济的拉动。当时，部分机构下调了 2010 年 GDP 增长率的预测，但平均值预测值依然在 9.5% 以上，所以，我们判断我国宏观经济出现二次探底的概率较小。

3. A 股市场没有出现绝对低估，但整体不存在泡沫

随着 A 股市场的下跌，5 月 17 日，A 股市场整体的 PE（TTM）估值为 18 倍左右，市净率估值为 2.62 倍左右。横向比较而言，A 股市场的 PE 估值在全球市场中已回落到中等水平，PB 估值依然处于相对较高的水平。纵向来看，当时 A 股市场整体的 PE（TTM）估值、PB 估值已经回落到历史均值以下。另外，当时市场对于 2010 年净利润增速预计为 24.32%，对应的动态市盈率仅为 14.48 倍。所以整体来看，A 股市场已经处于中等估值水平。没有出现绝对的低估，整体没有大的泡沫出现，但存在局部泡沫。

所以，总体来看 A 股市场经过近期的大幅回调，估值水平已经回落到历史平均水平以下，而随着退出政策逐渐进入平稳观察期，以及基于我们对于经济不会出现二次探底的判断，A 股市场将逐渐企稳的条件在改善。但是由于希腊债务危机是否会扩散到其他欧洲国家，国家宏观调控特别是房地产调控的效果，以及 A 股市场的资金供求是否能回归平衡仍具有一定的不确定性，所以 A 股市场中期能否企稳还需观察。

图 7　A 股历史 PE、PB 估值对比图

资料来源：Wind，英大证券研究所

三、A 股市场研判

1. 短期反弹迹象初现

总的来讲，由于将近一个月的下跌，市场调整的幅度过深、过快，A 股市场出现超跌反弹行情。5 月 18 日，上证综指最低下探到 2519 点，但收盘时上涨了 34. 85 点，收于 2594 点。我们判断市场短期有望延续反弹行情，主要基于以下四个迹象：

迹象 1：超跌地产股领涨市场。5 月 18 日房地产指数上涨 5. 83%，经过长期的深幅调整，地产板块存在强烈的反弹预期。

迹象 2：期指上涨幅度大于现货；5 月 18 日股指期货沪深 1005 合约上涨 1. 88%，收于 2779，而现货指数收于 2771；远期合约上涨幅度大于近期合约，其中沪深 1005、沪深 1006、沪深 1009、沪深 1012 合约分别上涨 2. 98%，3. 16%，3. 63%。预计短期反弹行情可持续。

迹象 3：银行股承担了 5 月 18 日反弹的主力之一。

迹象4：管理层发言初显政策导向转变信号。近期国务院总理温家宝5月在天津考察时特别强调要防止多项政策叠加的负面影响，始终合理把握政策力度。国家主席胡锦涛也表示，由于全球经济复苏的基础尚不牢固，各国应继续实施当初应对金融危机的刺激性举措。

2. 中期市场企稳的条件逐步改善，但仍需观察

中期来看，A股市场的止跌企稳，需要多项因素出现转变。就5月18日的情况看，部分条件正在逐渐改善，但仍需继续观察。

首当其冲的就是外围市场，近日欧盟成员国达成总额7500亿欧元的救助机制，以帮助可能陷入债务危机的欧元区成员国，防止希腊债务危机蔓延的措施出台，欧洲债务危机蔓延并引发经济二次探底的可能性大大减少；

其次，需等待房地产调控政策趋于稳定。当时的市场普遍预期未来还将有相关的政策出台，所以还需继续观察。就当时的情况来看，从深圳的出台的房地产新政没有北京的严厉。北京的房地产政策可能是最严厉的，未来其他地方调控的严厉程度超越北京可能性较小。既然最严厉的政策已经出来，以后或许就没有必要过于担心；

再次，要保证资金供求关系的平衡，资金引入的速度跟流出的速度如果能够保持平衡的话，市场就会更加稳定。

最后，产业资本增持甚至国家队入场将有助于稳定市场信心。5月份以上市公司大股东为代表的产业资本已经开始增持股票；如果市场持续低迷，不排除政府会在某一时机出台稳定市场的政策，譬如政府可能动用汇金增持股票等手段以稳定市场。

总的来讲，市场若要改变这种下行的弱势，则需要以上多重因素的共同努力。特别要关注汇金公司、社保基金等国家队的动向，如果汇金公司、社保基金出手增持股票，那么中期的市场底部有望形成。

3. 长期A股市场研判

（1）估值水平将更加合理。长期来看，全流通进程的逐步完成以及股指期货、融资融券等双向交易机制的引入将促使A股市场的估值向海外成熟市场逐步靠拢；

（2）A股市场仍将受益于我国经济快速发展下，上市公司业绩增长带来的投资机会。当时的城市化进程在中国仍处于初级阶段，未来十年将会出现快速发展的局面，这必将带动中国经济快速增长，所以我国的证券市场也还仅仅处于发展的初级阶段。

股市横盘需耐心

股市横盘，会磨灭很多人的耐心，究竟是继续持有，还是远离市场，都不是拍脑袋就能决定的。关键在于，你是否读懂了？比如，2010年以来到现在，一直震荡的“3000点”。

我一直认为，2010年行情长远来看，是1664点起步行情的延续，是从2319点起的第二波行情。1664点大盘企稳时并没有出现通胀，行情出现更重要的原因就是资产价格的恢复过程引起股价上涨。

很多人把2010年国庆节后这段走势理解为通胀行情，但通胀因素只是当时市场上涨的一个表象和引起一些板块上涨的原因。长期来看，通胀不可能让整个股票市场估值提升或者业绩成长，只会造成很多上市公司的成本增加，业绩下降。

别小看3000点。金融危机后，市场要花一段时间回到一个相对正常的位置，从1664点回升的大趋势来看，目前的3000点是一个正常点位，估值修复基本到位，有些公司的估值甚至已经过于充分，但是蓝筹股依然不贵。未来估值的上涨需要更多的时间等待上市公司业绩成长。因此，期望“小牛”立即转化为“大牛”并不现实。3000点不是顶部，也不是被低估的位置，也许市场将会在这里震荡整固一段时间，但需要坚持。

我们应该看到，未来支持“大牛”出现的理由非常多。一大批企业经过金融危机发展壮大，一大批基础设施的投入、城市化的进程，中国经济仍处于飞速发展阶段，人民币结算国际化，广阔的内需市场等等因素都表明，“小牛”过后跟着的有可能是“大牛”，3000点时需要一点耐心。

为什么呢？

这里是历史成交密集区，无数套牢盘都在此处；这里也是重要心理关口，近几年几次中级行情的起伏都在这里盘整过。但更应该看到的是市场流通市值变大的影响，这些年来股市“长胖”比“长高”的速度要快很多，这些年股指多次冲过3000点，但以往冲关时面对的仅有几万亿规模的流通盘，现在长大到约17万亿元的规模。市场关注的创业板解禁问题也是流通市值带来压力的表现。当冲关面临一次比一次大的流通市值，每一次需要集结的力量就更大，阻力显而易见，必然需要消化整理的过程，3000点需要时间。

2010年国庆节后几天大盘急涨，技术上需要一个消化过程。投资者应该看到，盘整之后，如果指数能在3000点撑住就是市场非常强势的表现。我认为只要能站稳，市场进入“小牛”阶段的判断就能成立。

我依然推荐那些未来具有成长性和业绩支撑的上市公司。我们可以看到，一大批的企业在金融危机过后实力并没有消失而是壮大了，很多企业和新兴行业，腾讯、百度、比亚迪、阿里巴巴等逐渐变成世界知名企业。招商银行、平安保险、三一重工（600031）、中联重科（000157）或者苏宁电器（002024），这些企业的规模越来越大，业绩趋好，走势上已经不能单纯从估值修复来考虑。他们经过危机洗礼，未来可能会发展成世界性企业，因此我们在低位拥有这些企业的股票，就不能在中途因为震荡而放手。在这个过程中，买股票重要的不是赚别人的小钱，而是伴随着这些企业慢慢成长，享受到投资世界型企业的收益，这才是投资的要义。

很多投资者喜欢做短线，或者追中期波段。但是对于普通的投资者来说，要看到中短期波段难以把握。历史经验证明，也许短期看卖出筹码是正确的，但假如为了小波段，痛失筹码的损失要比套牢的成本更高，对持有者是极为不利的。

第六部分：『钻石底』到『地球顶』，再到『婴儿底』

A股逐渐步入长期投资起点

李大霄　化定奇

2012年1月

一、2011年回顾

2011年中期A股市场整体呈现震荡下行的走势，截止到12月30日，沪深300指数下跌25.01%，上证指数较年初下跌21.68%，深圳成分指数下跌28.41%。主要原因在于欧美债务问题、我国货币紧缩政策的超预期，而过大的扩容压力则加剧了市场资金供给的不平衡。

1. 欧美债务危机持续升级。欧美等发达国家的债务问题呈现越演越烈的态势，希腊危机尚未平息，意大利等欧元区核心国家的问题又浮出水面，美债上限上调也因两党分歧而未彻底解决。在解决危机方面，欧元区各国、美国两党皆因各自的利益而久拖不决。高企的债务也拖累了欧美经济复苏的步伐，失业率居高不下，而又缺乏有效的刺激措施。

2. 流动性紧缩程度超预期。我国持续的紧缩政策使国内流动性高度紧张，经济增速放缓。由于房价上涨过快，通胀水平不断高企，今年我国政府实施了持续从紧的货币政策。2011年上调存款准备金率7次，3次加息，导致社会流动性比较紧，不同期限的SHIBOR均达到或接近历史最高水平。连续的紧缩政策使得我国的经济增长开始放缓。

3. A 股市场持续扩容超预期。2009 年初，A 股流通市值占总市值的比例为 36.9%，而这一比例目前已达到 75.69%。自 2009 年以来，A 股市场累计融资额达到 22051.95 亿元。截止到 2011 年 12 月 30 日，A 股总市值为 211338 亿元，流通市值为 161536 亿元；与 2009 年初比较，分别增长 97.29%、304.34%；与 2011 年初比较，跌幅分别达到 11.8%、8.15%，远小于 2011 年股指跌幅。在全流通和市场扩容的影响下，股指表现遭到压抑。

二、2012 年宏观经济展望

1. 美国经济复苏有望持续

2011 年前三季度美国宏观经济的领先指标采购经理人指数（PMI）和消费者信心指数持续回落，进入四季度以来领先指标出现了触底回升的迹象。而滞后指标失业率方面，2011 年 12 月美国失业率为 8.5%，虽然仍处高位，但已经连续下降至两年多来的最低水平。就业市场的改善可能将提振消费者信心，并刺激消费者的需求。

从美国家庭及个人资产状况来看，截止到 2011 年 9 月份，美国家庭的负债比率已经持续回落到 11.09%，并开始出现速度放缓的迹象，显示美国家庭及个人的去杆杠化进程逐渐接近尾声；个人储蓄存款占可支配收入的比例也持续回落，消费者信心逐步恢复。从美国企业的情况来看，目前美国企业资产负债表上的现金比例创 1963 年以来的最高水平。所以无论是美国居民还是美国企业，从资产负债的情况来看，目前的情况要远远好于 2008 年金融危机最严重的时候，家庭和企业的抗风险能力大大增强；居民的消费能力和企业的资本扩张能力均具备推动经济增长的基础。近期数据显示美国经济复苏的趋势在逐渐好转，预计 2012 年美国经济复苏有望超预期。如果欧元区出现极端情况，美国经济增速或低于预期，这将促使美国推出 QE3。

2. 欧债危机依然不确定

欧债危机仍将为2012年全球面临的最大不确定因素。2012年欧元区债券市场面临非常巨大的融资压力，第一季度将有总额高达2300亿欧元的银行债券及2500－3000亿欧元国债即将到期，全年还将面临另外2000多亿欧元的企业有担保债券到期。因此，预计欧洲中央银行（ECB）将继续调低利率，至少会在2012年一季度降低25个基点。而且，欧债危机的解决要求危机国实施财政紧缩措施。这有助于提振市场信心，但同时可能会对经济增长造成负面影响。

关于欧债危机解决的问题，我们坚持认为解救危机国家是欧元区各个国家利益最大化的选择。目前希腊、意大利、西班牙均推出了紧缩财政预算、减少赤字的方案，欧洲中央银行为控制欧债危机的蔓延及降低欧元区债务国在资本市场上的融资成本，也在持续购买欧元区重债国的国债。而且欧盟各国已经缔结了一份新的财政契约，以强化财政纪律；将债务危机的永久性救助机制——欧洲稳定机制（ESM）的推出时间提前一年；向IMF增资1500亿欧元，用于增强后者的援助力度。虽然目前还未达成彻底的解决方案，但随着危机的升级，解决方案的深度和广度都在提升。但是如果出现欧元解体等极端情况，全球金融市场无疑将遭受巨大冲击。

3. 国内流动性偏紧局面缓解

随着持续紧缩货币政策效果的显现，国内房地产市场开始出现明显降温、通胀拐点也基本形成，调控的目标基本实现。而目前面临的问题在于经济增速出现的下行风险，11月30日央行自2008年12月以来首次下调存款准备金率，显示货币政策开始转向。中央经济会议工作提出2012年我国将继续实施积极的财政政策和稳健的货币政策，政策内涵由2011年紧缩基调转变为适度宽松的中性基调。从另一层面上来讲，2011年的货币政策收紧、经济增速放缓均源于我国政府的主动性调控。调控的力度也不可谓不大，这使得我国在未来外围经济出现大幅波动的情况下，具备了较大的政策调控空间和灵活性，而不至于陷入无计可施的地步。

经济增速方面，虽然市场一致预期 2012 年经济增速将放缓至 8.5%，但是不同于 2011 年的是，2012 年季度 GDP 将呈现前低后高的走势，市场预期呈现逐渐改善的局面。

三、策略观点：A 股逐渐步入长期投资起点

从宏观层面来看，2012 年面临的状况将是好坏参半：欧元区虽再次陷入衰退，但流动性或放松；美国经济复苏有望超预期，流动性维持宽松；我国经济增速放缓，但呈现前低后高趋势，货币政策将由偏紧向稳健转向。总体来看，预计 2012 年市场面临的宏观环境在实体经济方面与 2011 年基本持平，而流动性则有一定的改善，A 股市场将逐渐步入长期投资的起步区域。

从 A 股资金供需角度来看。预计 2012 年 A 股市场的扩容增长依然将保持相对较快的速度，但是经过过去三年以来的快速扩容，优质的 IPO 项目资源逐渐减少，过会率未来可能降低；券商储备的项目数量大大较少，新项目的周期相对比较长，这使得 A 股扩容在客观上会有所减速。另外大盘股资源的逐渐减少，中小盘股票估值的逐渐回落导致再融资及套现的压力减小、监管层鼓励上市公司债券融资等都将缓和扩容压力。在资金供给方面，货币政策由偏紧转向稳健为市场流动性好转提供了基础，而监管层鼓励地方社保基金、养老保险、住房公积金余额等长期资金的运用将为市场带来新的增量资金，有助改变 2011 年资金失衡的状态，为市场带来一轮新的发展期。

从 A 股估值角度来看，以近段时间的低点 2132 点计算全部 A 股的市盈率（TTM）仅为 13.13 倍，2012 年动态市盈率仅为 9.56 倍，市净率（PB）仅为 1.95 倍。纵向比较来看，目前整体的估值水平处于历史的底部区域；从市场结构来看，大盘股整体估值已经处于历史底部；从股息率的水平来看，按照2010年的分红比率，2011年上市公司业绩同比增长20%左右，大盘成份股的股息率水平已经高于同期一年期的存款利率，投资价值逐渐显现。另外，从一些大盘蓝筹股大股东的增持行为、汇金公司增持银行股来看，大盘蓝筹股目前的投资价值已经明显增强，而中小盘个股目前估值水平虽然大幅下降但还相对较高，结构性风险尚存。在政策的强烈推动下，2132点成为底部的概率增加了。

总体来讲，A股经过四年的调整，目前无论是点位还是整体估值水平均处于相对较低的水平。2012年，在全球流动性局面好于2011年，我国经济逐季走高而导致预期向好、欧债不会出现极端情况的前提下，A股市场将逐渐步入长期投资的起步区域。资产配置方面，投资吸引力排序依次为；B股、封闭式基金、A股。

市场有望“稳”中回升

——2012年投资策略报告

报告概要：

◇ 美国中期财政收支平衡目标对其经济复苏仍有负面影响，尤其是其遭受重创的房地产市场仍未脱离萧条的背景下，私人部门去杠杆化进程仍在延续。房地产市场不景气仍是压抑美国经济进入自主性增长回升通道的重要因素，因此，不排除在欧债危机极端恶化背景下，美联储通过QE3来刺激经济复苏。

◇ 欧洲当前面临的问题主要还是在金融层面，而由欧债危机引发的经济衰退或难避免，欧洲经济衰退将直接影响我国的出口增长。

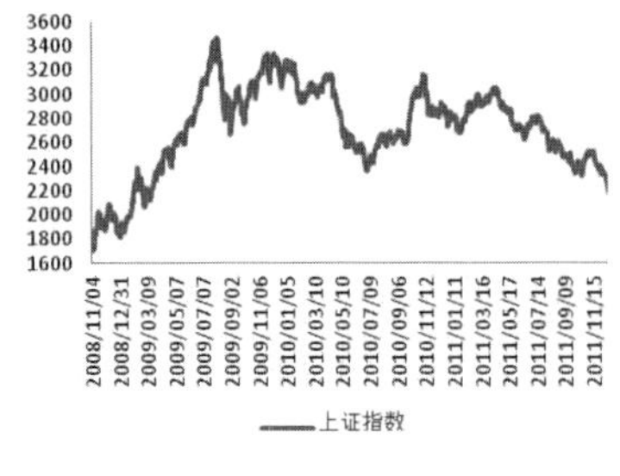

2009－2011年中国股市上证指数走势

◇ “3·11”大地震对日本主要工业产业链供应的后续影响显现，进而拖累了日本经济复苏的步伐。尽管日本产能利用率指标有所回升，然其产能指标增长乏力。为刺激经济，日本央行仍将保持超宽松货币政策。

◇ 2012年金融市场环境将在“稳中求进”政策背景下得到一定改善，其中政策面上法定存款准备金率回调和放宽银行信贷规模控制的可能性较大，2012 年一季度信贷增速回升形势可期。

◇ 国内生猪生产已经进入了周期性阶段高点，其后随着猪肉市场供应量增加以及春节后居民消费意愿减弱，猪肉价格下跌将是大概率事件，这也将进一步拉低 CPI 指标。从需求角度来看，由于 2011 年央行实施持续从紧货币政策，货币定期化水平提高，基础货币乘数下降，货币供应量增长放缓，因此，在食品供应逐步恢复的背景下，货币供应量增长减速必然带来物价水平回落。

◇ 从市场面来看，可自由流通市值难以逾越 10 万亿水平反映 2008 年以来股市投资吸引力没有得到有效提升，重“融资”轻“投资”的股市文化难以获得社会财富的广泛认同，分红、退市、IPO、再融资等市场机制仍有改革提升的空间，而吸引外资和推进中国 401K 计划或对推进市场机制改革有正面作用。在宏观经济软着路的假设前提下，预计 2012 年上证指数低位约在 2000 点附近。而发展 A 股投资文化，推进市场机制改革循序渐进的背景下，考虑到虚拟经济有望受益于货币适度宽松下的流动性改善，上证指数高位约在 2800 点附近，全年或演绎重心适度上移的震荡格局，市场仍有望“稳”中回升。

◇ 我们建议 2012 年季度策略思路为“博弈转型经济中逆周期调控下的市场波段，布局传统行业周期底部的长线投资价值，谨慎把握新兴行业确定性高成长的风险溢价”。

◇ 投资组合：中国神华（601088）、美的电器（000527）、格力电器（000651）、中国水电（601669）、招商银行（600036）、民生银行（600016）、工商银行（601398）、中国平安（601318）、中国建筑（601668）、中国铁建（601186）、中化国际（600500）、中国化学（601117）、中国石化（600028）、华域汽车（600741）、保利地产（600048）

一、2012 年国际经济形势分析

美债危机暂有缓和　消费形势逐步好转

2011 年，美国中期财政收支平衡目标对其经济复苏仍有负面影响，尤其是其遭受重创的房地产市场仍未脱离萧条的背景下，私人部门去杠杆化进程仍在延续，因而，美国经济增长形势出现较大改观的概率偏低。不过，在世界经济增速整体下滑背景下，受益其财政货币政策刺激，美国经济增长依然有望明显好于深陷欧债泥潭的欧洲经济，其中美元指数短期持续反弹反映投资者对中短期经济复苏形势乐观估计。

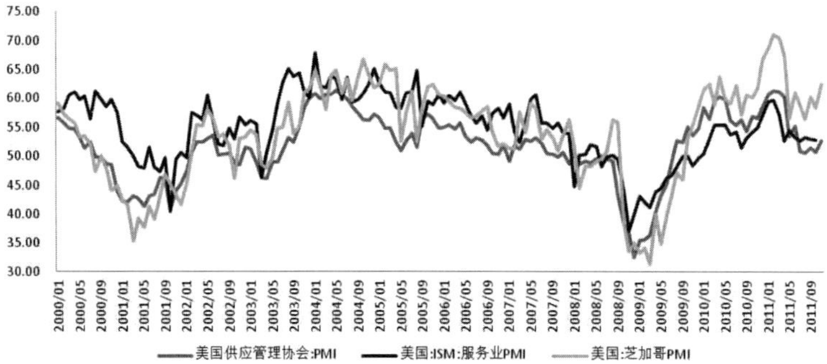

图 1　美国制造业景气指数向好

资料来源：WIND

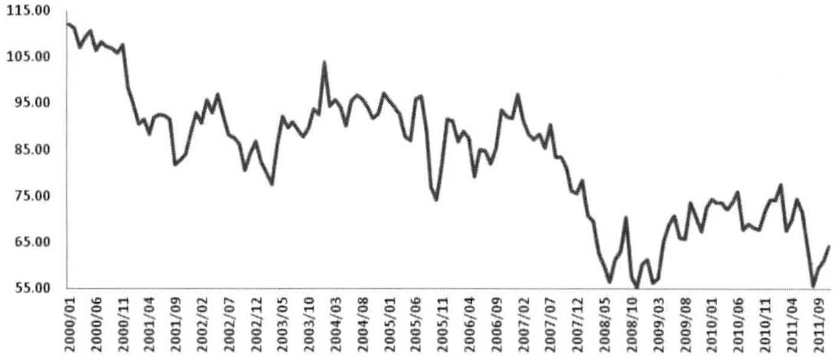

图 2　美国消费者信心指数低位反弹

资料来源：WIND

从各项先行指标来看，美国经济也有好转迹象。自 2008 年金融危机以来，在刺激政策作用下，美国制造业景气指数持续位于50%的荣枯线以上，这明显好于欧洲各主要发达国家，甚至好于仍处于较高增速的中国经济。消费者信心指数虽仍受困于楼市低迷、失业率高企等不利状况，但该信心指数已有低位回稳迹象；同时，楼市和就业市场状况往往是经济好转的后验指标，因此，我们对消费者信心趋稳应当持相对乐观的预期。

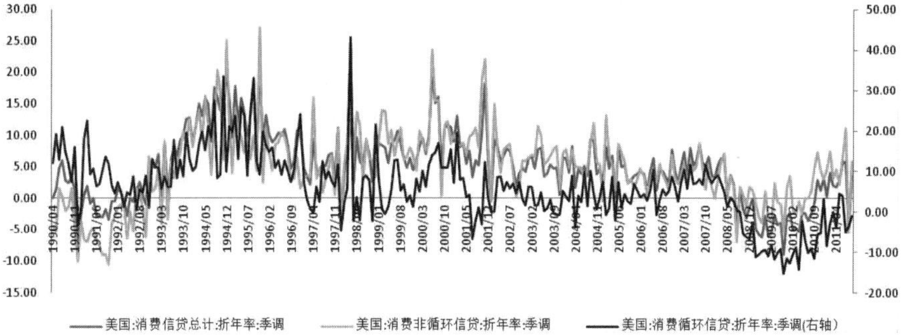

图3　美国消费信贷增长逐步上升

资料来源：WIND

美国消费信贷市场增速回升过程仍有所反复，然总体回暖过程仍值得期待。2011 年 9 月美国消费循环信贷季调后的折年率回升至 -1%，消费非循环信贷季调后的折年率为 5.8%，总消费信贷季调后的折年率为 3.6%。

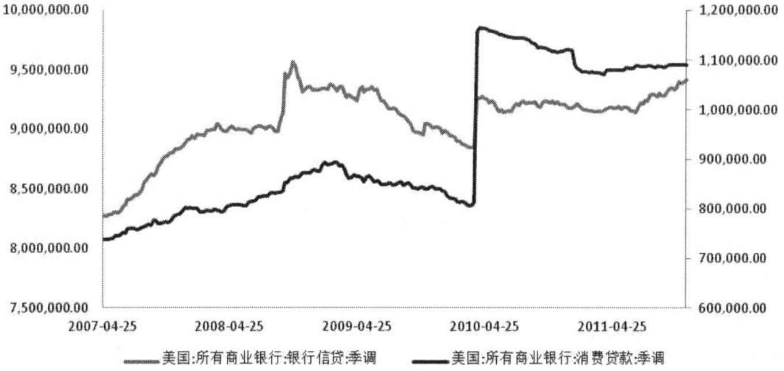

图4　美国银行信贷逐步恢复增长

资料来源：WIND

图 5　汽车等耐用品消费形势好转

资料来源：WIND

尽管，美国所有商业银行总信贷规模仍未恢复到 2008 年 10 月份的最高水平，然而，从 2011 年 8 月份以来信贷总量数据来看，美国银行房贷意愿正在逐步增强。耐用消费品市场也出现向好迹象。2011 年第三季度，美国汽车及汽车零件和用品批发商销售量出现了快速增长，这反映受金融危机时期压抑的换车需求正在释放。

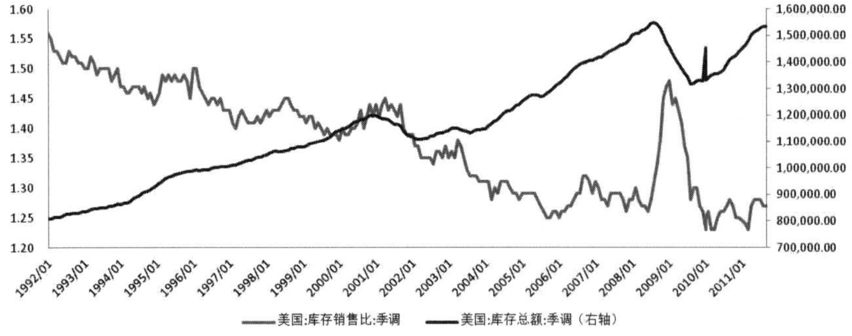

图 6　美国企业库存销售比维持低位

资料来源：WIND

美国企业库存销售比依然维持在低位。尽管，我们认为在金融危机之后，美国企业将更注重现金流的稳定性，不过，销售形势持续向好是值得肯定的。销售的好转有望带来盈利增长的拐点，这是因为在失业率高企背景下，美国人力成本上升压力很大，甚至可能出现部分工资水平回落来维持就业的情况，而原材料成本在中国需求因素弱化以及欧洲经济萧条等负面因素影响或有周期性回落可能，因此，掌握所在行业核心技术的美国企业毛利水平上升将成为大概率事件。营收增长，毛利回升将为融资打开通道，美国企业后期扩大生产的规划或带来社会就业的改善。

图 7　美国房地产市场仍不景气

资料来源：WIND

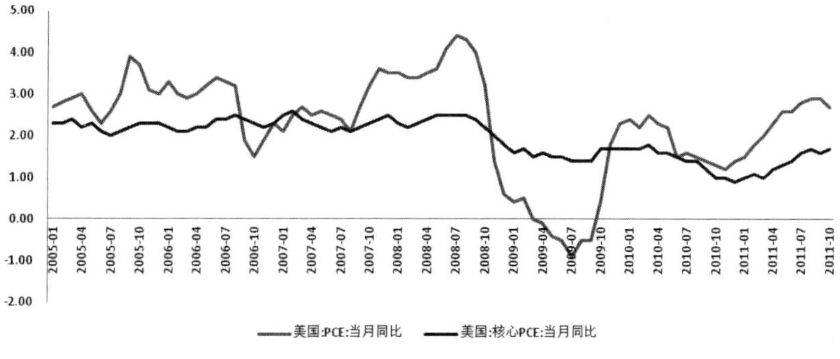

图 8　美国 PEC 指数升势趋缓

资料来源：WIND

房地产市场不景气仍是压抑美国经济进入自主性增长回升通道的重要因素，因此，不排除在欧债危机极端恶化背景下，美联储通过QE3来刺激经济复苏。而除了流动性促进因素之外，美国政府也有可能为其房地产市场创造吸引外资的便利。近期，美国国会两名参议员准备提起一项跨党派议案，为在美国购买总价50万美元以上住房的外国人发放居留签证，以期刺激一蹶不振的美国楼市。

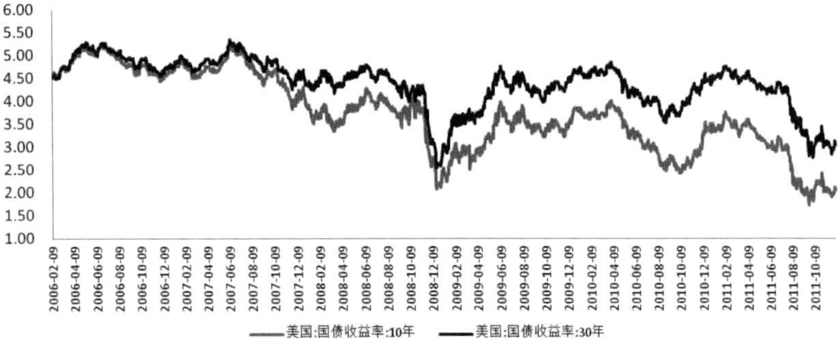

图9　美国国债收益率维持低位

资料来源：WIND

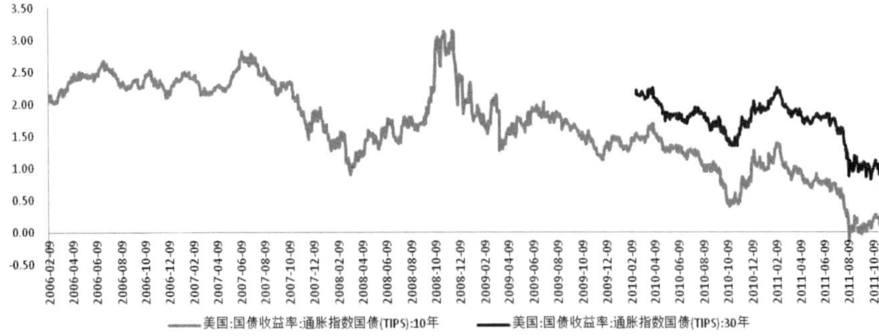

图10　10年期美国通胀指数国债收益率趋零

资料来源：WIND

美债危机对美国债券市场影响有限，反而是欧债危机引发全球经济增速放缓的担忧使得全球流动性再度回流到美国。从目前来看，全球仍难找到第二个一般等价物来代替美元的地位。区域贸易自由化背景下，欧元的生存就面临着各经济体主权信用等级不平衡的矛盾。国际货币的信用基石已经不是观念上的认可，未来将更多是综合国力博弈的结果，而目前美国经济相对乐观的复苏形势或预示着美元汇率重要底部的形成。2011 年四季度美元指数持续反弹就是在欧债危机深度发展，新兴发展国家增速放缓中所出现的，而所带来的是美股坚挺和其他市场调整。预计在世界经济增速持续探底过程中，这一不平衡现象仍将出现。

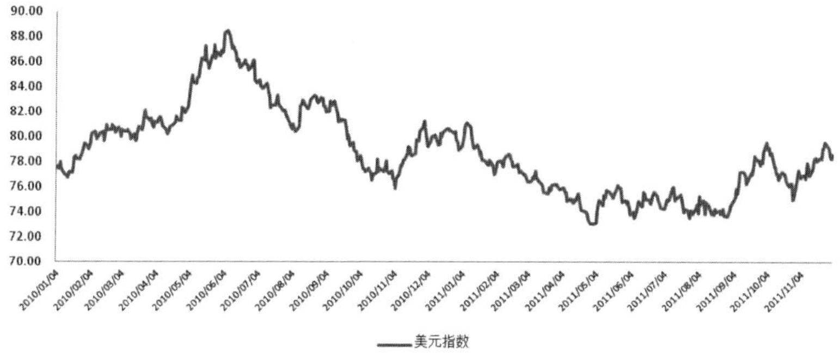

图 11　美元指数有趋稳反弹迹象

资料来源：WIND

欧债危机深度发展　经济衰退或难避免

由欧债危机引发的经济衰退或难避免。以希腊为例，为了不出现债务违约风险，社会高福利被削减，国有企业员工被裁减，民众不满情绪高涨，执政政府被迫更替。坦率的说，若欧债危机继续恶化下去，希腊当前所面临的情况将可能在其他欧洲国家出现，而这也是欧洲各国政府所不愿看到的。2011 年 12 月，欧盟峰会所达成新的财政规则就是在统一欧洲各国对于控制欧债危机所采取应对策略。当然，标普警告的多个欧元区国家主权信用评级调低的情况或难避免，尽管短期金融层面困难或仍有回旋余地，但是，中长期经济增速放缓所导致偿债能力减弱或已经是事实。欧洲经济衰退将直接影响我国的出口增长。

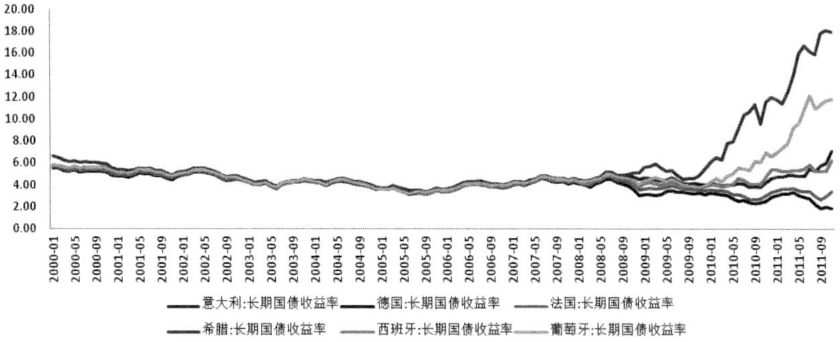

图 12　希腊、葡萄牙长债收益率大幅上升

资料来源：WIND

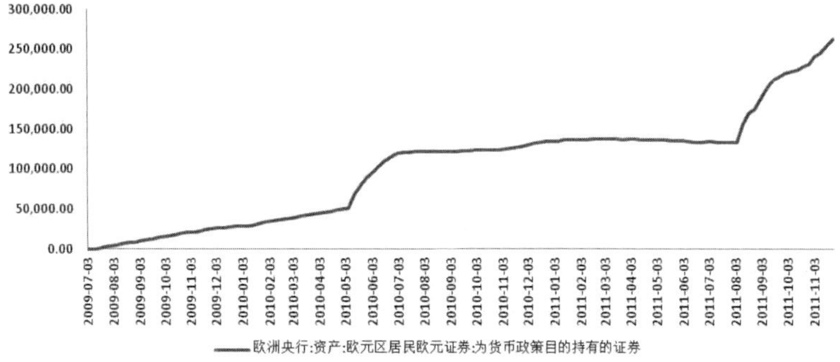

图 13　欧洲央行继续稳定市场操作

资料来源：WIND

为控制债务危机，欧洲央行实施了债券购买计划操作，但是，市场恐慌令相关国家债券收益率仍处在快速上升通道，尤其是意大利，作为欧洲区第三大经济体，其长债收益率已经上升至7%以上。限于欧元的货币纪律，欧洲央行并无意效仿美联储实施量化宽松政策，其债券购买限额也不会提升。因此，面对债务违约风险，欧洲各国仍将强调财政减支计划。

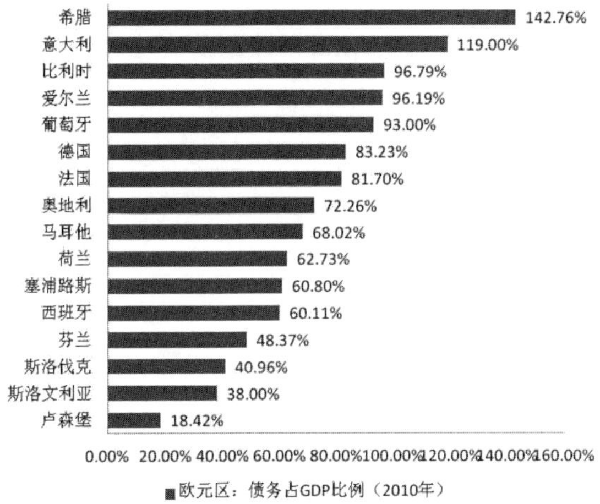

图14　意大利债务形势受关注

资料来源：WIND

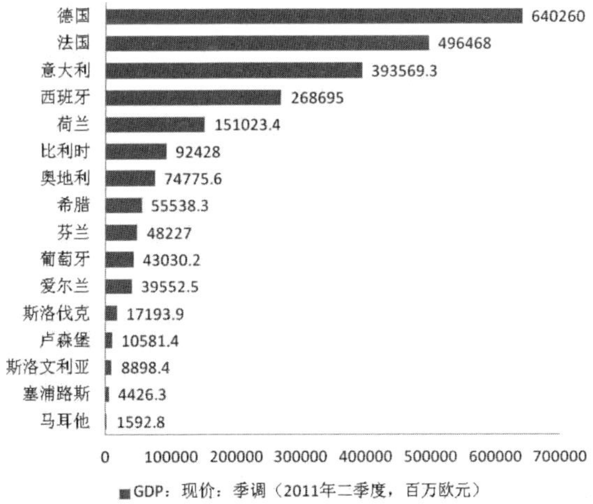

图15　意大利是欧洲第三大经济强国

资料来源：WIND

2010年意大利债务占比GDP水平仅次于希腊，而其经济总量却只排行在德法两国之后。因此，意大利所可能存在债务风险级别要远大于希腊，而当前欧洲央行和IMF的能力将不允许意大利出现如希腊一样的偿债困难。意大利政府主动减赤计划势在必行。

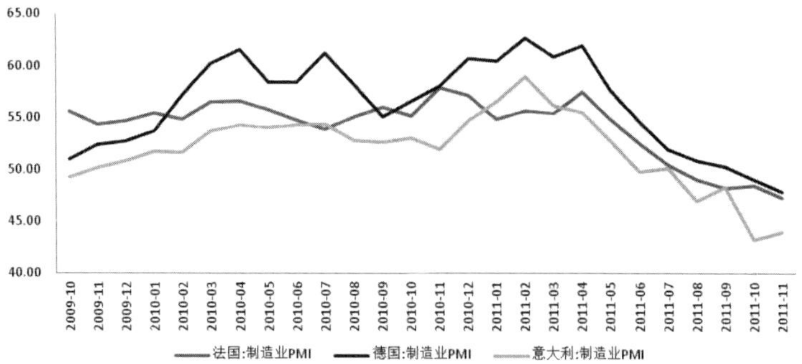

图16　德、法、意三国PMI指数下行

资料来源：WIND

图17　欧盟汽车消费持续低迷

资料来源：WIND

欧洲经济基本面上依然出现衰退迹象，德法意三国PMI指标都处于50%的荣枯线以下，而且下行趋势并没有受控的迹象。消费依然低迷，失业率高企、居民收入下降或成现实，欧盟27国新车注册几乎回到2008年金融危机时期的水平。

图 18　欧洲市场投资者信心指数大幅下跌

资料来源：WIND

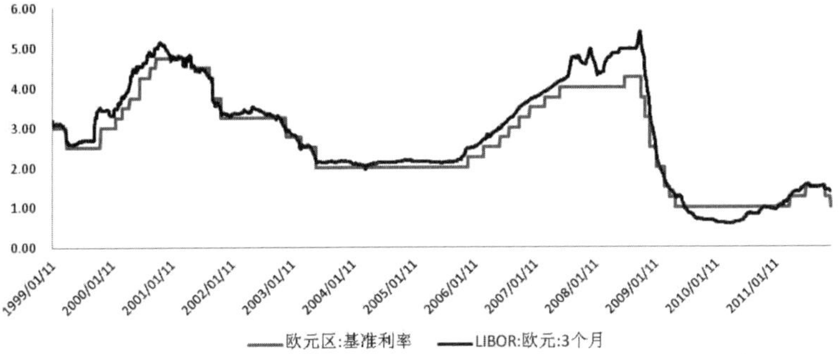

图 19　欧洲央行连续降息

资料来源：WIND

在金融市场风险犹在，经济基本面走低背景下，欧洲市场投资者信心指数也大幅下滑，不排除该指数回落到 2008 年底低点的可能。而面对复杂经济形势，欧洲央行还是力求从经济长远发展着手，2011 年四季度连续两次的降息措施或预示其更长的宽松货币政策周期。

日本经济恢复面临产能瓶颈

“3·11”大地震对日本主要工业产业链供应的后续影响显现，进而拖累了日本经济复苏的步伐。代表日本经济景气指标的制造业和服务业 PMI 指数半年多以来一直围绕着 50% 荣枯线附近波动。尽管日本产能利用率指标有所回升，然其产能指标增长乏力，这主要与相关工业设施恢复建设有关。当然，由于福岛核电站未能有效控制核污染扩散，福岛附近工业的恢复也将拖慢，此外，日本工业企业产业布局也可能有所调整。因此，综合多种因素，日本工业产能恢复还需要一个循序渐进的过程。

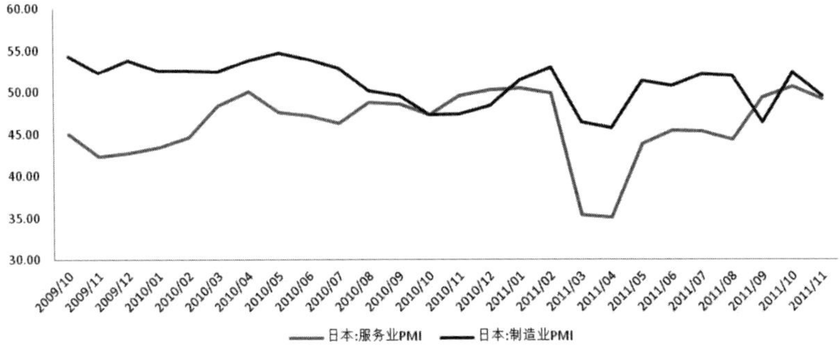

图 20　日本 PMI 景气指数处于荣枯线附近

资料来源：WIND

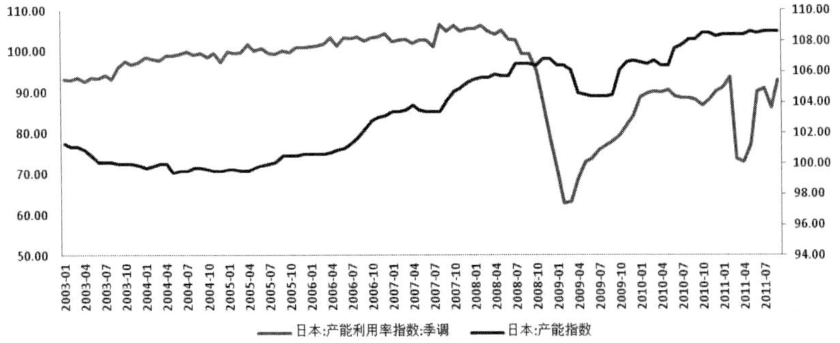

图 21　日本产能增长出现瓶颈

资料来源：WIND

由于日本国内灾后重建和工业产能恢复的需要，日本失业率水平出现小幅回落。当然，市场也期待日本财政增加公共投资来延缓日本经济自二战以来面临的最大社会经济困境。但是，我们发现自 90 年代以来，日本公共投资增速与其GDP增速呈现一定的负相关特征，也就是说日本政府增加财政支出并不能马上熨平经济自主性回落。我们认为这与公共投资项目的效率有关。由于非市场化投资决策和公共品本身非排他性特征，使得公共投资效率偏低。因此，我们预计日本经济放缓趋势中短期内尚难改变。

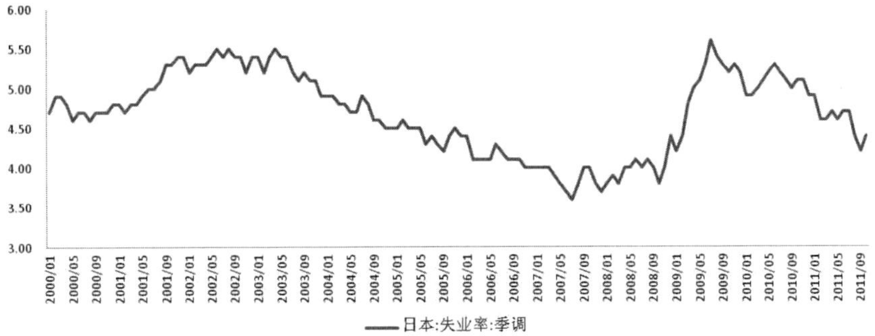

图22　日本失业率小幅回落

资料来源：WIND

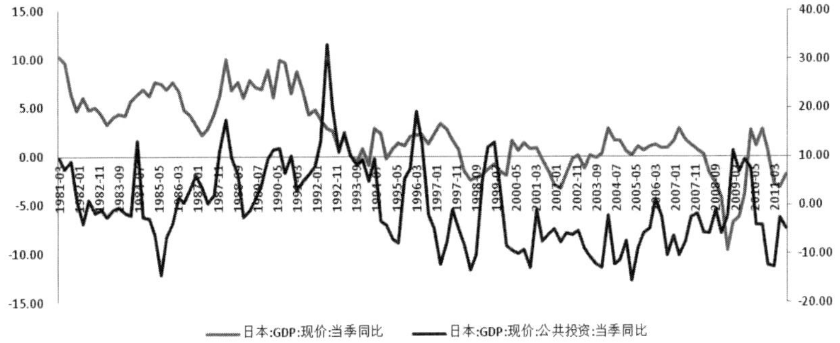

图23　日本公共投资与经济增长负相关

资料来源：WIND

日本经济增速放缓预期令日元持续升值趋势有所缓解。当然，为了更多刺激出口，日本央行买入美元的政策力度不会放松。此外，为刺激经济，日本央行仍将保持超宽松货币政策。

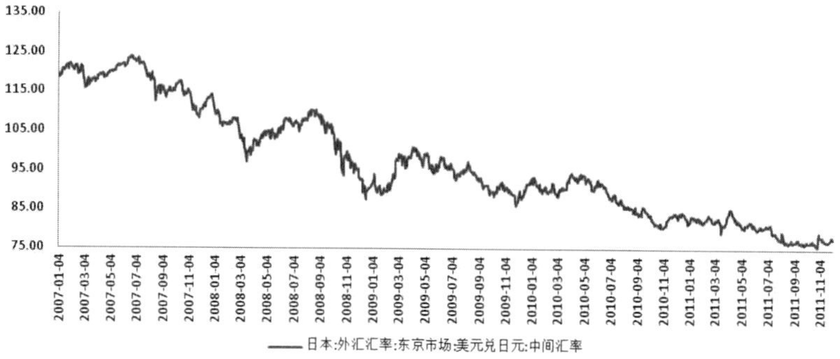

图 24 日元升势趋缓

资料来源：WIND

二、2012 年国内经济形势分析

楼市调控效果显现　经济增速逐步放缓

2011 年是“十二五”的开局之年，也是中国经济步入转型发展周期的关键一年。其实，当谈到经济转型发展，一般要明确几个前提：第一是中国经济是否具备转型发展的物质基础，第二是中国经济体制机制是否符合转型发展的条件，第三则是我们目前处于主动转型阶段还是被动转型阶段。单看经济总量，全球第二的国民收入规模应当达到了经济转型的物质基础，当然，在主要资本密集型产业科技水平，我国还与主要发达国家存在一定差距，而这也是谋求转型发展的原动力之一；改革开发三十年来，中国经济体制机制调整和优化有了明显成效，而面临经济转型期对效率质量更为苛刻的要求，经济体制机制进一步改善的空间还是存在的。是主动转型还是被动转型？不同的经济成分仍需要区别对待。一般来说，垄断低效的行业面临的转型压力不足，因此，其是否转型要看待其主动意愿；而对于竞争且高效的行业在多数情况下都面临着巨大的转型压力，因此，其转型动力来自于竞争市场的压迫。从以上的分析，我们可以得出结论是，在市场机制条件下的被动转型是高效的，有利于行业突破转型发展的瓶颈。过去十年，我国加入世界贸易组织，期间对外贸易规模迅速增长，同时，中国企业面临国际市场竞争越来越大，自身的区位优势、先发优势、贸易保护越来越少，因此，中国企业在被动转型过程中有着较好的经验积累，加之我们背靠着成长潜力巨大的内需市场，中国实现成功转型发展前景还是值得乐观的。

当然，从现阶段来看，我国依然处于经济转型发展关键期的初期阶段，而我们认为期间被动转型的压力偏大，因此，转型期间暴露出来的问题和矛盾相对集中。2011 年，我国连续出台控制物价和压制房价的宏观调控政策，受到直接冲击的金融市场出现了史上罕见的股债双跌局面。从中短期的各项经济指标来看，我国经济的确将进入增速适度放缓的周期当中。我们将从投资、消费、出口三方面来分析 2012 年中国经济增长形势。

投资历来是中国经济增长主要动力，因此，投资放缓将十分显著地拉低中国经济增速。我们将国内主要投资分为制造业投资、基础设施投资和房地产投资三大块，并分别来看这三大投资对我国 GDP 增长的影响。

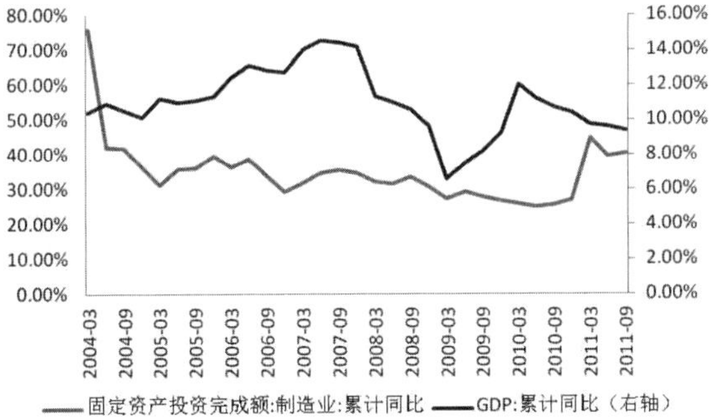

图 25　制造业固定资产投资与 GDP 相关度有限

资料来源：WIND

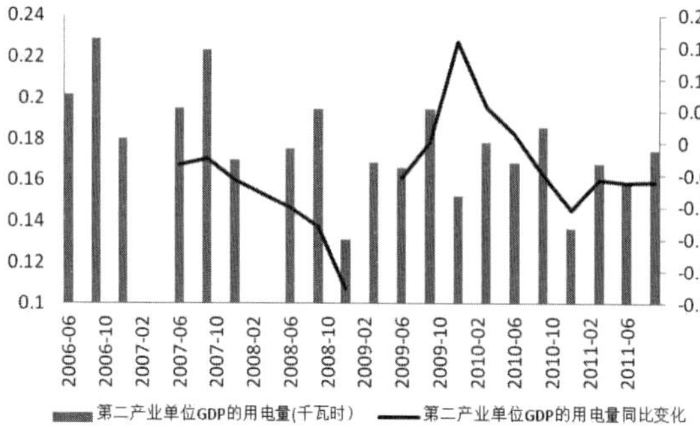

图 26　第二产业单位 GDP 用电量回落有限

资料来源：WIND

我们比较分析 2004 年至 2011 年三季度以来制造业投资和 GDP 增长变化趋势，发现期间制造业固定资产投资累计同比增速和 GDP 累计同比增速相关度有限，也就是说制造业投资增长并不会直接带来 GDP 增速回升。出现这种情况与国内制造业面临的被动转型升级压力有关。在面临成本上涨和市场竞争背景下，制造业利润率不断下降，企业投资项目效率低，厂商投入的动力不足，其拉动经济增长作用也将递减。我国第二产业单位 GDP 用电量下降幅度有限，这反映出我国制造业单位产值能耗利用效率上仍有改善空间。

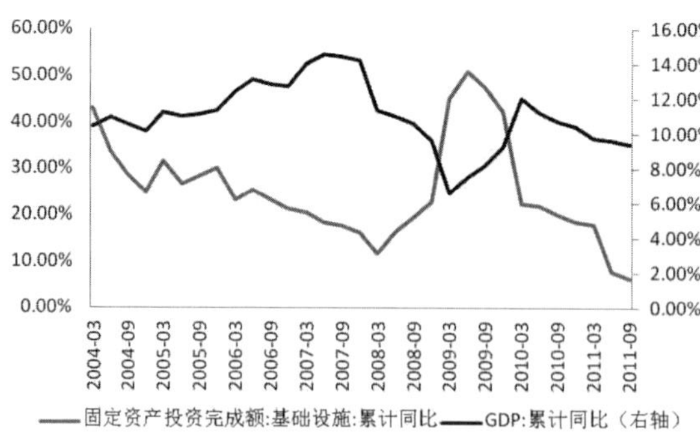

图 27　基础设施固定资产投资与 GDP 负相关

资料来源：WIND

当前，我国经济转型发展面临困难不小，而中央政府一度期待直接投资来引导经济转型，这与90年初日本经济增速放缓期间其政府投资行为有相似之处。但是，从历史数据来看，政府投资并不能直接带来经济持续增长。从2004年至今，政府推动基础设施投资的增长与同期GDP增长呈现负相关的情况，究其原因，主要有几个方面：首先，基础设施投资多为逆周期运作模式，当经济高涨时期，较低的政府投资能够防止经济过热，当经济低迷阶段，政府投资的增长可以抑制经济下滑速度；其次，政府投资项目回报期较长，期间效益偏低，不能持续刺激社会资本持续投入公共领域；第三，政府投资不能持续较高增长速度，这主要是由于政府投资项目回报期内宏观经济波动会影响政府预算的安排。

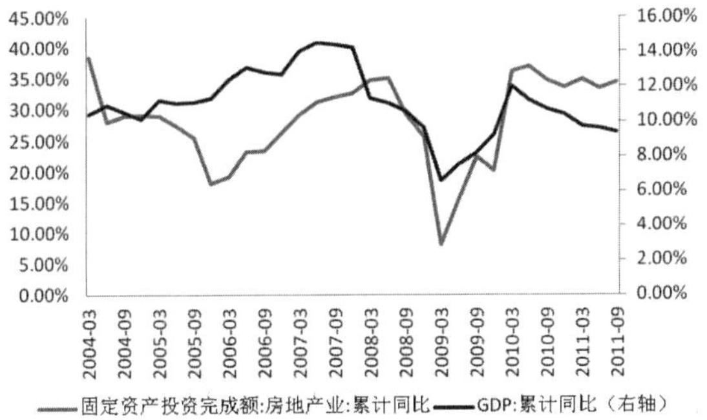

图28　房地产固定资产投资与GDP正相关

资料来源：WIND

第三块主要投资就是房地产固定资产投资，而近年来楼市投资和我国GDP增长呈现较强的正相关性，这也是近年来中国经济更多表现为楼市经济的原因。房地产市场是竞争机制相对完善的市场，由于行业较高利润率水平，社会高效资本纷纷涉足这一市场，这带来中国楼市的繁荣，也带来中国经济较快增长。当然，由于制造业利润下滑和楼市景气之间此消彼长的变化，社会资源较多的投入到房地产市场，土地资源供给刚性必然带来房价上涨，而人力成本上涨速度不及购房成本上涨速度的时候，社会民生问题突出，这对经济转型必然造成负面影响。因此，房地产调控势在必行是其存在的理论根据。

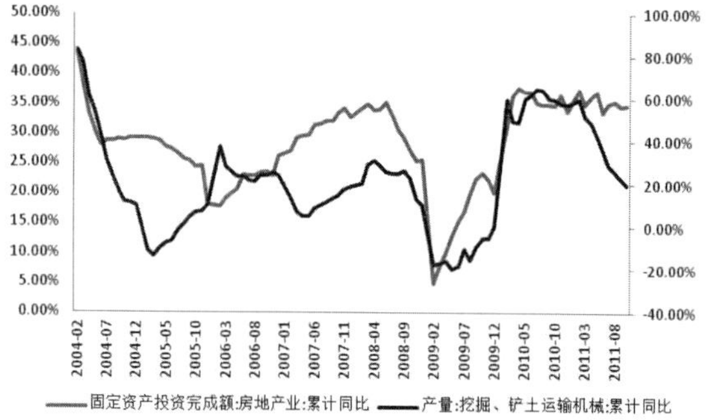

图 29　工程用挖掘、铲土机械增速提前回落

资料来源：WIND

图 30　工程用压实机械增速提前回落

资料来源：WIND

在楼市调控政策作用下，房地产市场投资增速必然回落。由图 29 可见，楼市建筑所用挖掘机、铲土机械和房地产固定资产投资在中长期增速变化呈现较好的正相关变化关系，而挖掘机、铲土机械增速已经在2011年初出现快速回落趋势，一旦房地产固定资产投资中项目复工因素弱化，预计整体房地产投资增速将有明显下滑。与挖掘机、铲土机增速类似，工程用压实机械也有相同的预警作用。

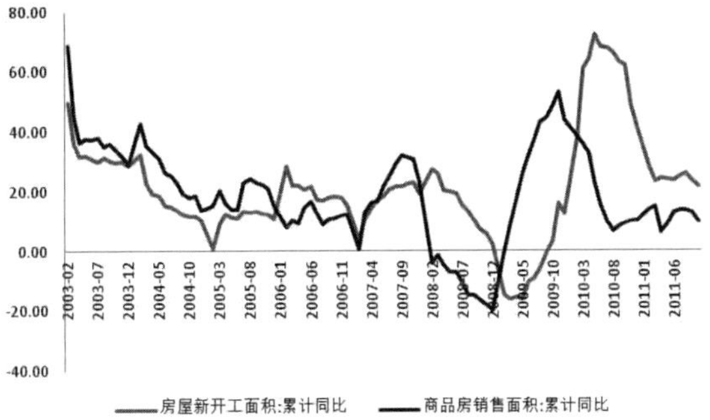

图31　房地产销售不佳影响新开工增长

资料来源：WIND

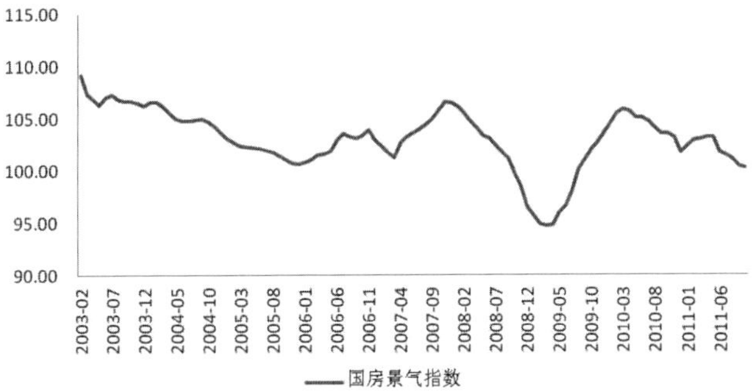

图32　国房景气指数持续回落

资料来源：WIND

楼市销售不佳是影响房地产投资增长的直接原因。从2009年四季度开始，楼市销售增速就出现高位回落，因此，在半年后，开发商启动新项目意愿降低，房屋新开工面积增速随即回落。房地产市场先行指标之一的国房景气指数已在2011年一季度出现阶段高点。

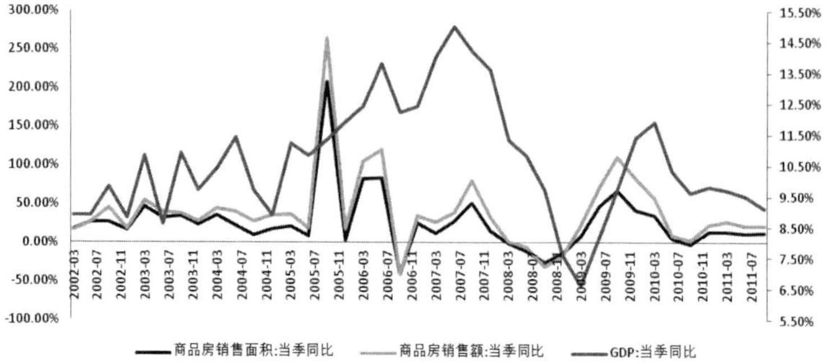

图 33　商品房销售与 GDP 变化正相关

资料来源：WIND

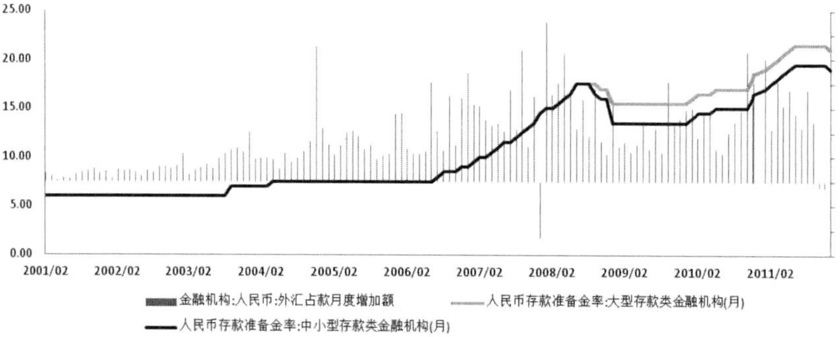

图 34　外汇占款连续两个月净减少

资料来源：WIND

楼市销售情况为房地产市场投资增长预测的先行指标，而楼市投资与 GDP 呈正相关的关系，所以，楼市销售情况也可以作为经济增长的先行指标之一。由此，从投资角度来分析，楼市销售是预测现阶段中国增长的重要数据。目前，楼市调控进入了深度博弈阶段，上海、深圳等一线城市新房价格已有明显回落，北京、广州房价也有松动迹象。新房价格回落带来楼市销售情况的改善是可以预期的。不过，这种销售改善程度显然仍不足支持开发商投资回升，而目前开发商调价促量的措施也主要由于年底资金链压力较大。一旦年关熬过，不排除楼市和政策之间的进一步博弈，销售回落概率依然较大。因此，市场对经济增速放缓预期依然没有改变。

当然，史上最严厉的房地产调控政策并不是要停滞房地产行业发展，推动楼市供给增长仍是解决民众“安居乐业”民生问题的最终途径；同时，房地产市场刚性需求仍不可忽视，调价促量也已经产生了效果。2012 年房地产市场调控基调仍不会松动，但是，行业发展的金融市场环境有望改善。

2011 年，央行将法定存款准备金率上调至历史最高的 21.5%，这一持续收紧流动性的措施从需求端抑制了物价持续上涨趋势，但也对金融市场稳定运行造成直接冲击，资本市场出现了历史罕见的股债双跌局面。银行存款增长难度增加，而受制于 75% 的存贷比监管红线，年底银行贷款发放难度增加，全年商业银行信贷投放或难以达到 7.5 万亿的预期规模。信贷规模不及预期是货币政策过紧以及商业银行的信贷总量管制的结果，而尚不能得出社会总需求大幅萎缩的前兆。2011 年 12 月份中央经济工作会议基调是“稳中求进”，防范潜在金融市场风险，因此，为金融市场输入流动性成为中短期金融政策主要特征。由此，可以预期 2012 年金融市场环境将在“稳中求进”政策背景下得到一定改善，其中政策面上法定存款准备金率回调和放宽银行信贷规模控制的可能性较大，2012 年一季度信贷增速回升形势乐观。

从历史经验和相关数据统计结果来看，国内信贷增速反弹将促进楼市销售状况改善。图 35 反映了 2002 年至今新增人民币贷款规模变化与商品房销售增长呈现一定正相关的变化，期间波动变化的时滞在一个季度左右。考虑此前商品房销售增长变化和季度 GDP 增速变化的相关关系，因此，可以得出信贷增速变化将与 GDP 增速变化呈现正相关的特征，而期间波动变化的时滞约有半年左右。也就是说，即便明年一季度信贷增速出现回升，宏观经济阶段探底回稳也将在二季度末至三季度初段。

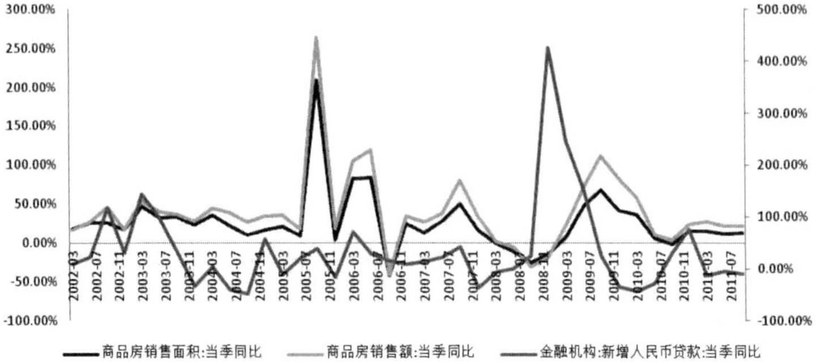

图 35　信贷增速与商品房销售增长正相关

资料来源：WIND

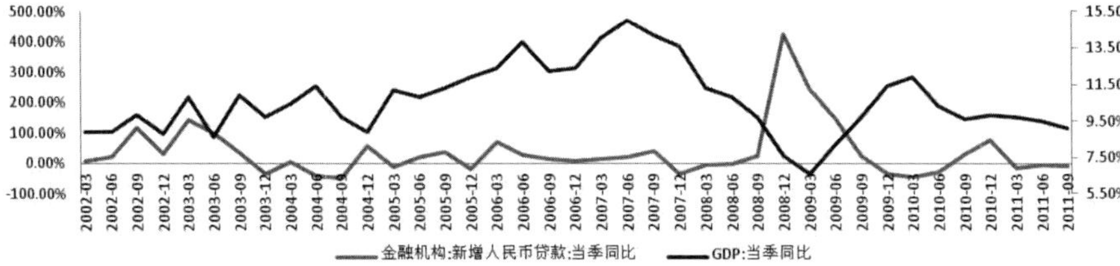

图 36　信贷增速与 GDP 变化正相关

资料来源：WIND

国内消费对于 GDP 的贡献度不及投资和出口，而国内社会零售总额增速对 GDP 增速波动敏感度有限。当然，刚性消费需求往往不随经济周期的波动而变化，但是，耐用消费品增长变化还是与 GDP 增速呈现较强的正相关联系。由于家电、家具等耐用消费增速与房地产销量存在显著内在关联关系，因此，耐用消费品市场中汽车销售情况能够较好反映消费增速与 GDP 增速之间的关系。从 2004 年至今，汽车销量累计同比指标与 GDP 累计同比呈现较好正相关联系，而 2010 年一季度汽车销量增长创新高之后就一直呈现增速下滑态势。2011 年四季度，汽车销量增速已经达到近六年最低水平，甚至低于金融危机阶段。从汽车消费低迷情况可以预见宏观经济增速放缓趋势仍将持续。当然，汽车消费增速下滑也与刺激性政策退出、股市楼市低迷导致社会财富总量萎缩，以及房价物价上涨导致民众消费信心不足等诸多因素有关。因而，当信贷增速回升、楼市销售回暖、股市反弹、物价水平阶段回落，国内汽车消费增速仍有望触底反弹。

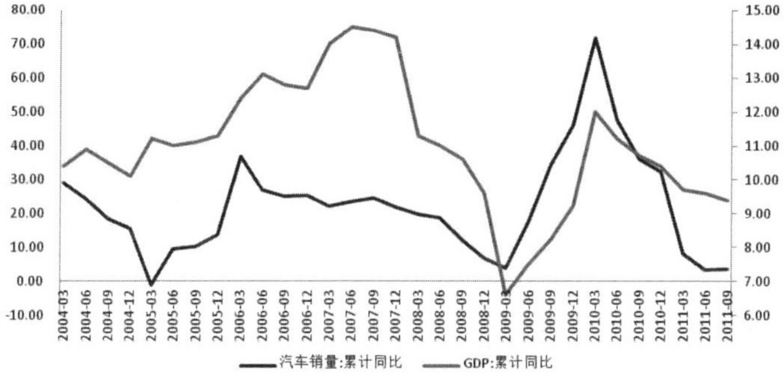

图 38　汽车销量与 GDP 变化大体正相关

资料来源：WIND

国内出口与 GDP 增速呈现较强正相关联系，不过，出口变化要滞后于国内经济周期。我们认为这与国内外经济形势差异，我国出口商品的需求刚性以及我国扩大出口的外贸政策等多因素有关。当前，全球经济增速放缓形势严峻，发达国家需求萎缩，贸易保护主义抬头，出口增速进一步放缓的概率偏大，因此，明年经济“稳增长”的重点或仍在国内需求的恢复。

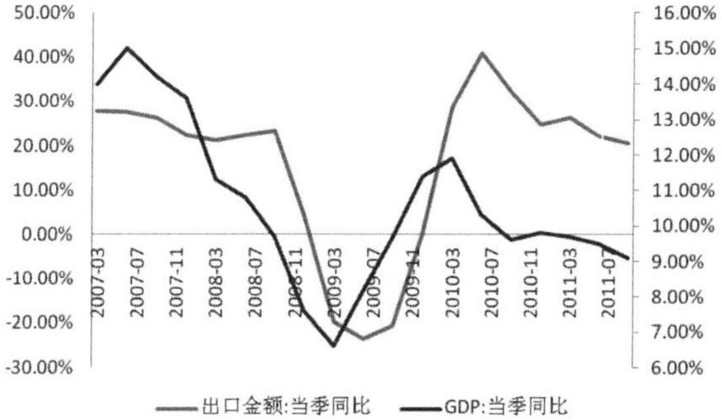

图 39　出口金额与 GDP 大体正相关

资料来源：WIND

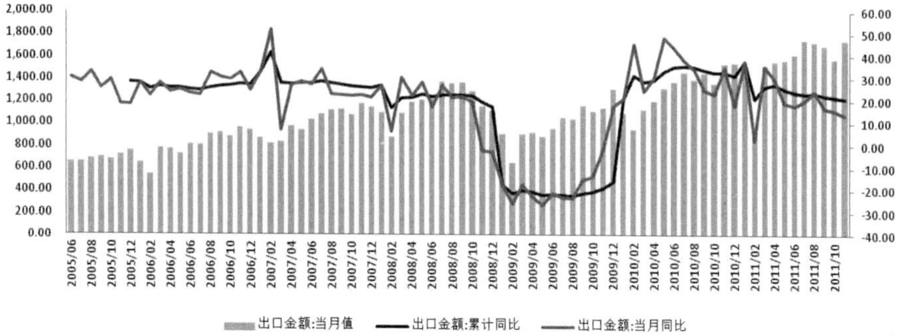

图 40　出口增速持续放缓

资料来源：WIND

工业增长放缓　库存压力显现

从生产的角度来看，经济增速放缓趋势也十分明显。2011 年 11 月国内工业增加值当月同比增速回落至 12.4%，这是自 2008 年 8 月份以来工业增加值同比增速第二次回落至 13% 以下的水平；而反映工业生产更直接的发电量指标也在 11 月份回落至 8.5% 的个位数水平。当然，发电量增速回落存在煤价突然上涨、电厂普遍亏损的供给问题。不过，随着电价上调、煤价回落、供给问题应当不成为发电量增速持续回落的主要原因。

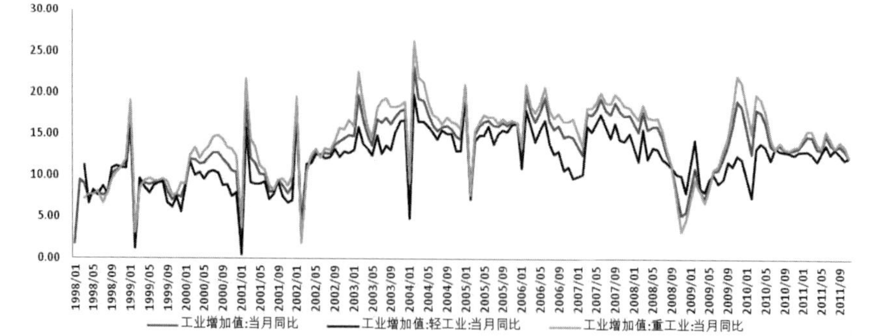

图 41　工业增加值增速回落

资料来源：WIND

图 42　发电量同比增速回落至个位数水平

资料来源：WIND

从制造业景气指标来看，2011 年 11 月份国内制造业采购经理人指数回落至 50% 的荣枯线以下，而其分类子指标中仅有产成品库存出现反弹。由此可见，后期工业库存的消化或拖慢工业增速回升的进程。

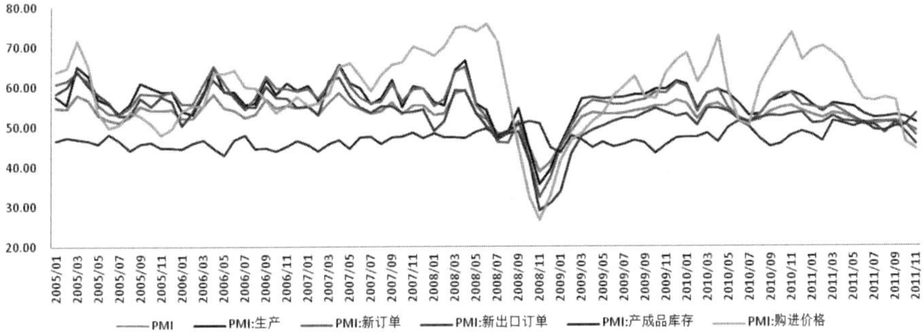

图 43　国内 PMI 指数跌破 50　而库存指标反弹

资料来源：WIND

通胀回落或带来货币放松

显然，在经济增速整体放缓背景下，通胀问题应当不再是短期经济层面的主要矛盾。反而需求的迅速萎缩将凸显国内部分领域生产过剩的尴尬，因此，结构性通缩局面也不无可能。至 2008 年中期以来，国内工业品价格和原材料价格涨幅呈现更加的波动幅度，且波动周期也有所收窄，这反映我国工业企业对产品市场和原料市场的掌控能力正在减弱。随着国际跨国公司持续挖潜中国内需市场，国内企业面临的竞争压力更大，商品品质问题凸显，市场份额萎缩。而在外需增长不利背景下，产能出现相对过剩的情况。

我国是最大的原材料进口国，而原料价格持续上涨使得国内制造业面对成本上涨的困局。若要打破两头挤占中间的不合理现象，一般策略有两种。一则是中间向上下游两端延伸，通过纵向并购来赢取产业链两端的利润；二则是做强制造业，由中国制造向中国创造发展，直接通过供给来创造需求。显然，第二种策略需要更多的积累和支持，而第一种策略的效率更高，但也面临着较多困难。由此，可以预见，中国工业当前面临的发展瓶颈并不是短期资金投入就可以解决的，自身升级改造以及行业优胜劣汰是必然经历的过程。

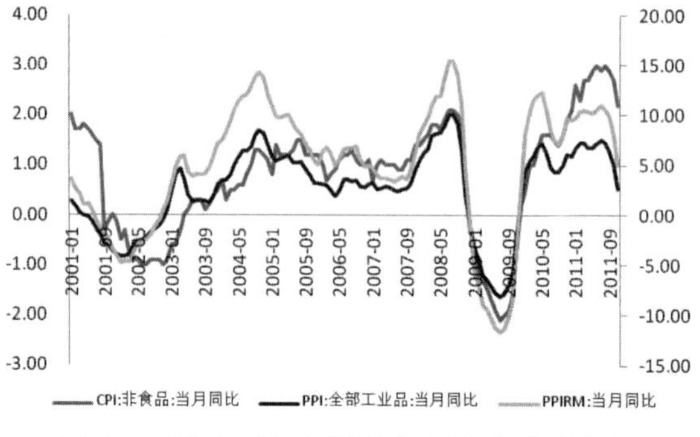

图 44　工业品价格回落拉低 CPI 非食品指标

资料来源：WIND

从中短期来看，自 2011 年三季度以来，国内工业品价格涨幅快速回落，这必将拉低 CPI 中非食品价格指标涨幅，而食品价格涨幅也呈现逐步回落的态势。在国内的 CPI 指标中，食品价格所占权重相对较高，这也就促成了历年 CPI 指标变化趋势与 CPI 食品价格波动趋势极其一致。

图 45　CPI 指数中食品价格下行趋势明显

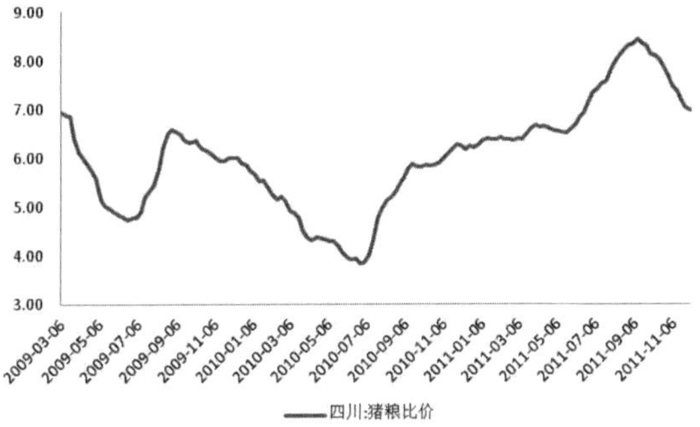

图 46　四川猪粮价高位回落

猪肉价格对食品价格波动影响显著，在本轮 CPI 指标上行过程中，猪肉价格就有较大上涨幅度。从目前来看，代表猪肉价格走势先行指标的四川猪粮比价已经出现高位回落的迹象。从生猪补栏的情况来，目前全国生猪存栏量已经处于历史较高水平，生猪补栏的动力有所减弱；从生猪繁育阶段来看，全国能繁母猪的存栏量已经接近历史高位，预计农户继续增加母猪的意愿也将减弱。由此可见，国内生猪生产已经进入了周期性阶段高点，其后随着猪肉市场供应量增加以及春节后居民消费意愿减弱，猪肉价格下跌将是大概率事件，这也将进一步拉低 CPI 指标。

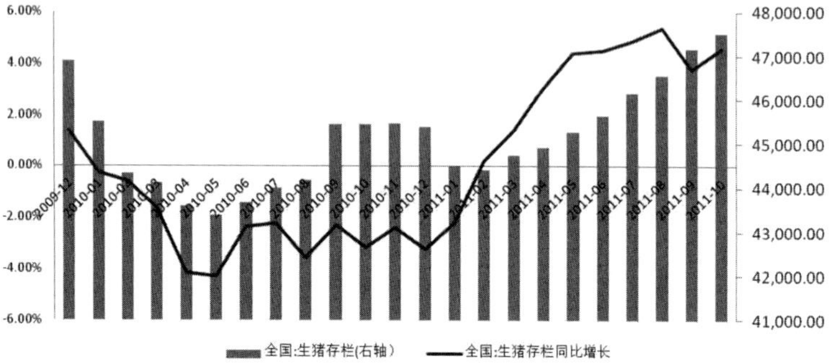

图 47　生猪存栏处于高位

资料来源：WIND

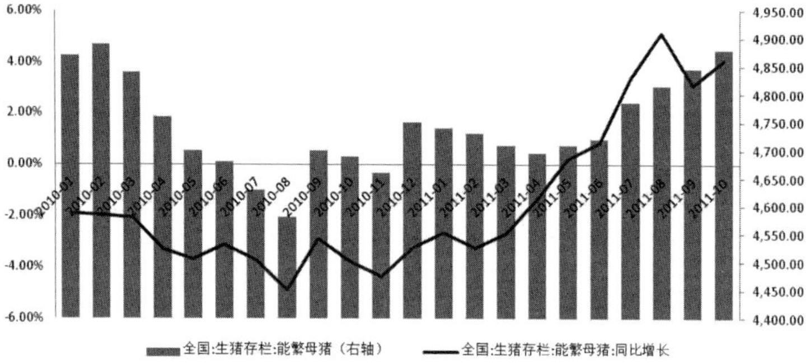

图 48　能繁母猪存栏处于高位

资料来源：WIND

从需求角度来看，由于 2011 年央行实施持续从紧货币政策，货币定期化水平提高，基础货币乘数下降，货币供应量增长放缓。因此，在食品供应逐步恢复的背景下，货币供应量增长减速必然带来物价水平回落。当然，抛开货币调控的因素，房地产调控压力、出口增长放缓、内需增速疲软等自发的经济增速放缓现象也将降低社会总需求，所以，不可忽视当前可能面临的通胀转通缩的风险。2011 年 12 月中央经济工作会议强调“稳中求进”的经济工作基调，而当房地产调控不松口的情况下，预计稳增长的任务更多需要货币适度宽松来完成，尤其是国内制造业面临资金链紧张的困局下。

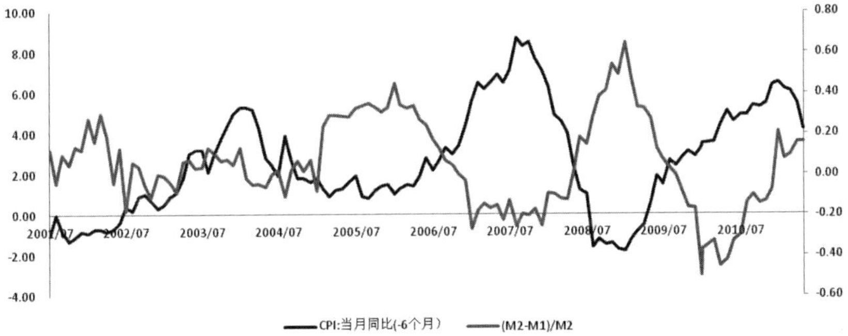

图 49　CPI 指数持续下行概率大

资料来源：WIND

三、市场形势分析

流动性收紧对 A 股市场冲击明显，2011 年 A 股短期资金面领先指标一直处于低位徘徊的局面。2011 年 9 月 20 日该指标出现 50.01 的年内低点，而这与 2008 年 9 月 18 日的 45.52 的最低点差距也很小了。在市场流动性需求持续萎缩背景下，自由可流通市值所反映的市场供给方却在年初出现高点。考虑到国有股基本上解禁不流通的背景，预计当前市场自由可流通市值约在总市值的一半左右，因此，可以估计出 2012 年四月份市场自由可流通市值接近 10 万亿元，而在 2007 年最高位阶段的 A 股市值也没有超过 10 万亿元。由此可见，在需求收紧而供给接近历史高位的背景下，A 股估值则承受着较大压力，进而造成全年基本上单边下跌走势。2011 年底市场自由可流通市值约在 8 万亿元左右，而 1664 点的市场自由可流通市值不到 4 万亿元。

图 50　资金面领先指标一度跌破金融危机时低点

资料来源：WIND

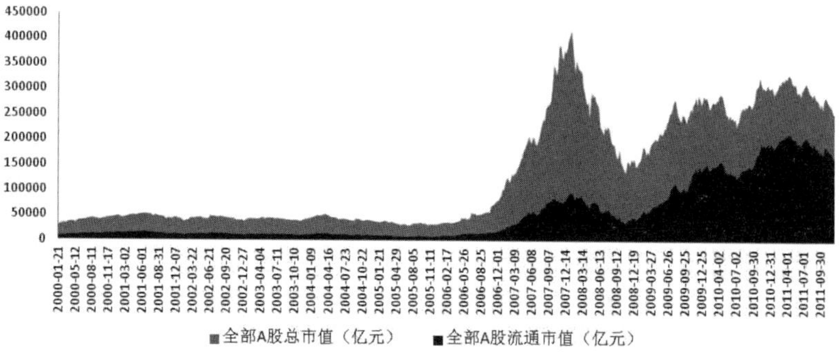

图 51　当前 A 股流通市值约为 16 万亿元

资料来源：WIND

面对这一困局，证监会采取了改善市场供需的策略，一方面放缓 IPO 的节奏，提高新股发行审核门槛，控制融资需求对中短期市场负面影响；另一方面则是通过吸引外资（例如批准 RQFII）、增加长线资金入市（社保基金增仓，研究养老金和住房公积金入市）来改善市场流动性变化预期。这些短期市场面供需政策若能配合宏观货币政策适度宽松，预计市场资金流出意愿将降低，大盘有望阶段性企稳回暖。

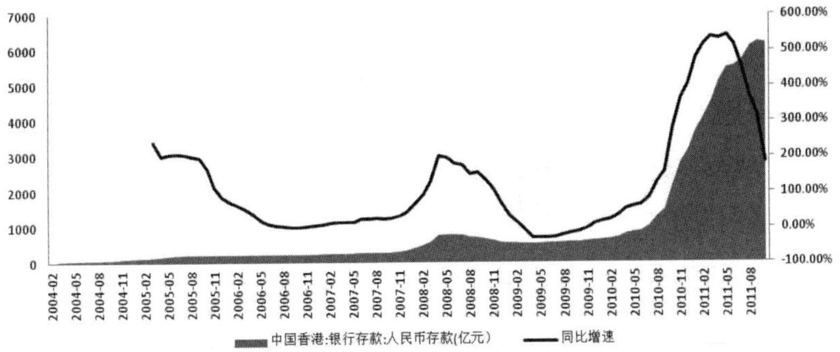

图 52　香港人民币存款规模增速明显回落

资料来源：WIND

图 53　人民币升值有所抑制

资料来源：WIND

目前，香港人民币存款规模约在 6 千亿元，预计首批 200 亿元 RQFII 募集成功概率偏大，而且 RQFII 规模仍有望进一步扩大。当然，这批香港资金投资股票比例只在总规模的 20%，而且由于人民币升值预期减弱，香港人民币存款规模增速明显回落，这也可能对 RQFII 入市策略造成影响。

基金发行状况是行情发展的后验指标。2011 年 10 月和 11 月份，获批发行的基金数量在持续增加，而基金发行总份额增长情况并不乐观。

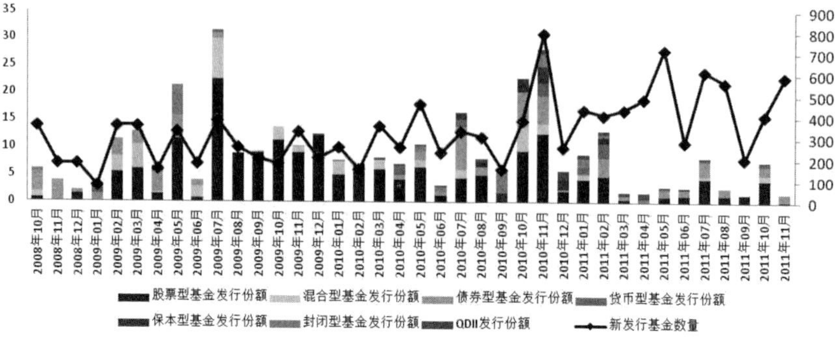

图 54　基金发行十分困难基金仓位逐步降低

资料来源：WIND

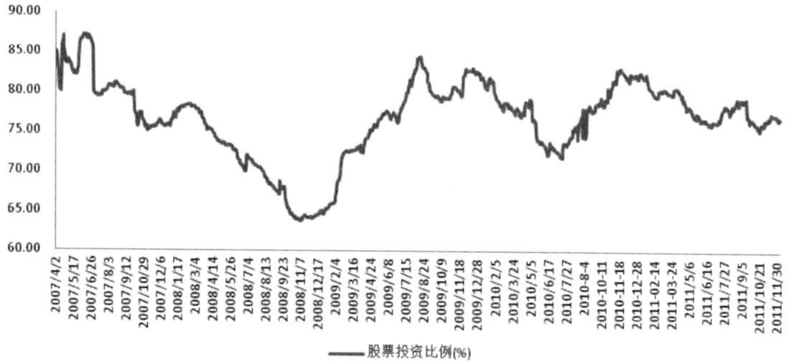

图 55　基金仓位逐步降低

资料来源：WIND

反映机构投资者市场信心的基金股票仓位并没有大幅回落，而出现这一现象可能有几方面原因：第一是机构投资者对 2012 年经济稳增长形势乐观，认为宏观政策调整将直接刺激金融市场活跃；第二是由于公募基金的股票投资中相当大比重配置了低估值大盘蓝筹股，而这些股票自 2008 年底出现低点之后并没有如中小盘那般强势上涨行情，反而是在业绩增长背景下估值水平持续回落，所以公募基金卖出蓝筹股降低仓位的动力不足。

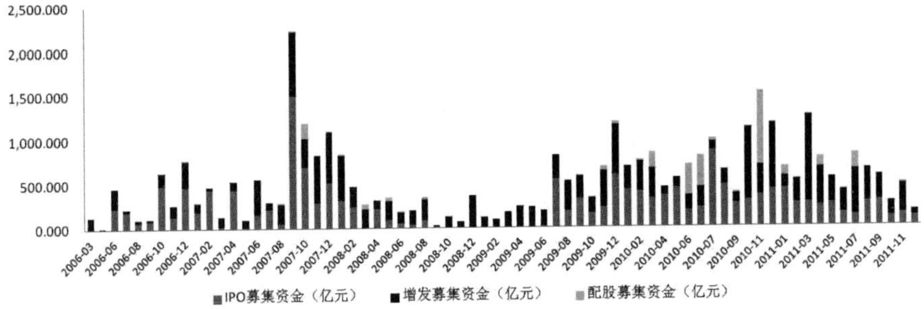

图 56　新股发行规模降低

资料来源：WIND

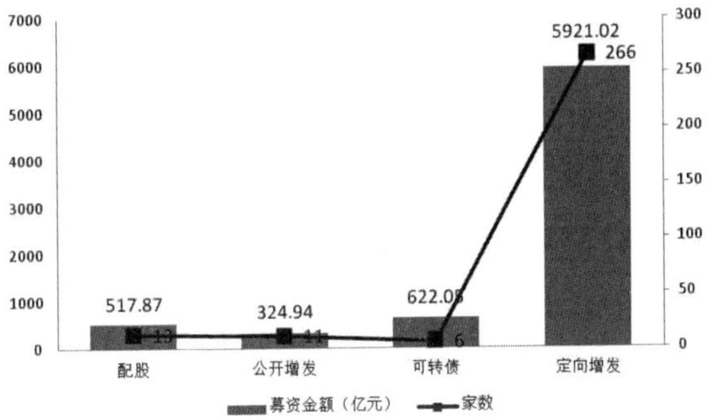

图 57　再融资情况

资料来源：WIND

在市场供给方面，2011 年三季度以来新股发行规模逐步减少，配股、公开增发和可转债等再融资计划实施难度也比较大，大小非减持动力也有所减弱。不过，A 股市场结构性估值泡沫依然存在，尤其是受解禁股冲击较少的创业板市场依然维持较高 PE 水平。考虑到 2012 年 10 月份创业板解禁规模将迅速扩大，届时该板块将承受较大的估值压力，投资者应谨慎把握创业板波段行情。

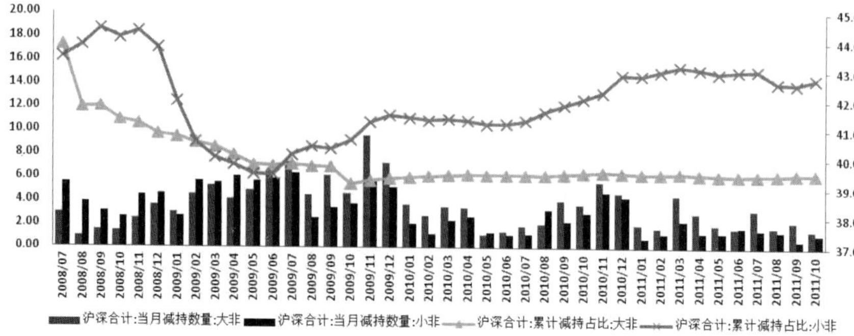

图 58　大小非减持动力减弱

资料来源：WIND

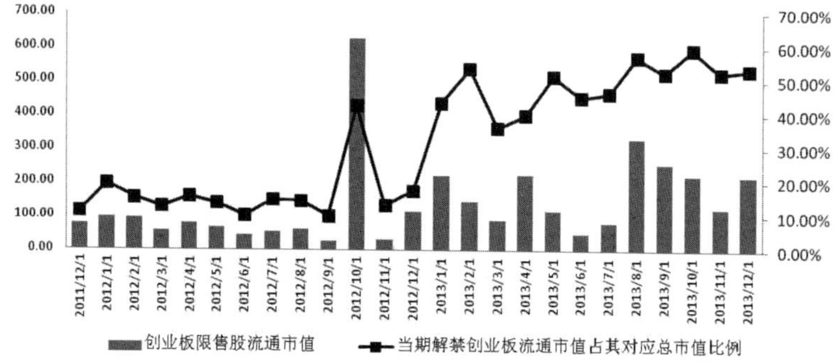

图 59　2012 年创业板解禁压力较大

资料来源：WIND

产业资本的市场行为也体现反映 A 股估值体系的结构性变化。从 2011 年四个季度来看，产业资本增持规模呈现逐步增长的趋势，所增持股票的相应估值水平也多在 30 倍 PE 左右；而产业资本减持规模呈现逐步减少的变化，所增持股票的相应估值水平也多在 45 倍左右。从增持和减持总规模横向比较来看，产业资本减持总市值还是要大于产业资本增持的总市值，这也基本符合 A 股弱势局面下资金流出的特征。从增持和减持公司数量横向比较来看，被增持公司数量在逐步增加，被减持公司数量逐步减少，但增持公司数量还是要明显少于减持公司数量。因此，建议投资者多关注被增持公司价值潜力，谨防被减持公司的估值风险。

表 1　2011 年产业资本增减持情况

日期	增持参考市值	增持公司数量	增持股票平均估值水平（PE）	减持参考市值	减持公司数量	减持股票平均估值水平（PE）
1－3 月	9. 33 亿元	24	34. 57	172. 95 亿元	97	51. 31
4－6 月	21. 67 亿元	31	34. 6	217. 83 亿元	85	46. 97
7－9 月	25. 34 亿元	41	28. 74	172. 72 亿元	63	44. 31
10－12 月	23. 33 亿元	49	35. 22	130. 52 亿元	67	44. 87

资料来源：WIND

四、A 股估值水平分析

目前，A 股市场整体相对估值水平基本上接近 2008 年的 1664 点，其中 2011 年 12 月 20 日全部 A 股（剔除银行）的市盈率水平为 16. 35 倍，全部 A 股（剔除银行）的市净率水平为 2. 16 倍，而 2008 年 10 月 28 日全部 A 股（剔除银行）的市盈率水平为 14. 24 倍，全部 A 股（剔除银行）的市净率水平为 2. 01 倍。也就是说当前全部 A 股（剔除银行）的市盈率水平距离 2008 年最低点相差 12. 9%，而距离 2005 年最低位相差 16. 14%；全部 A 股（剔除银行）的市净率水平距离 08 年最低点相差 6. 94%，距离 2005 年最低位相差 28. 7%。

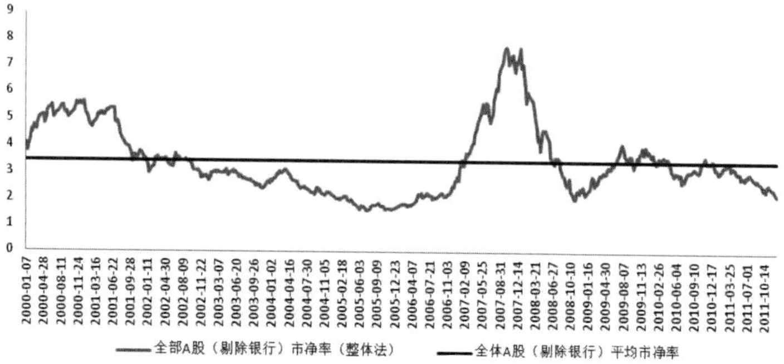

图 60　全部 A 股估值水平逐步接近 1664 点

资料来源：WIND

从结构性估值差异比较分析来看，小盘股相对溢价水平（小盘股相对溢价水平 =（小盘股 PE—大盘股 PE）/大盘股 PE）虽有所回落，但仍处于历史较高水平。2011 年 12 月 21 日小盘股相对溢价水平约为 2. 316，而 2010 年 10 月该指标为 3. 302，因此，小盘股相对溢价水平年内回落了 29. 86%；在上一次熊市底部，即 2005 年 7 月左右，市场小盘股相对溢价水平 1. 372，距离该指标当前数值相差 40. 75%。由此可见，投资者应谨慎对待后市可能的结构型去泡沫化过程。

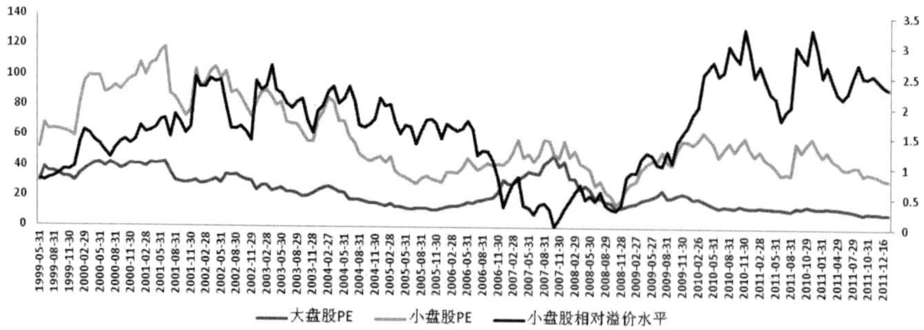

图 61　小盘股相对溢价水平仍处于高位

资料来源：WIND

从行业 PE 估值表现来看，金融、建材板块 PE 水平创近五年新低。所有行业 PE 值都处于近五年估值波动中下区间，而房地产、家电、采掘、交运设备、交通运输、化工板块的 PE 水平都处于近五年估值波动的底部区域，轻工制造、电子、信息服务、信息设备、餐饮旅游、公用事业、农林牧渔的 PE 值距离其近五年 PE 最低值仍有一段距离。估值较低的行业中，金融行业中银行业绩增长形势相对乐观，采掘行业业绩增速有望保持相对稳定，建材、房地产、家电、交运设备、交通运输板块业绩增速放缓迹象明显；估值相对较高行业中，轻工制造、电子、信息设备业绩增速仍呈现下滑趋势，信息服务业绩增长预期乐观，餐饮旅游、农林牧渔业绩增速或有适度放缓，公用事业业绩增速将继续保持稳定。

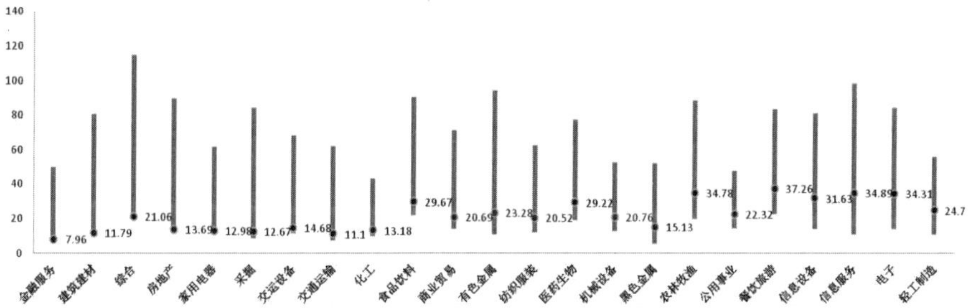

图 62　金融、建材的 PE 创新低

资料来源：WIND

从行业 PB 估值比较来看，黑色金属 PB 继续保持最低水平，金融服务、交通运输 PB 则创出新低。此外，采掘、建筑建材、房地产、化工、公用事业 PB 值都处于近五年 PB 值波动的底部区域；食品饮料、农林牧渔、电子、医药生物、信息设备、家电、餐饮旅游相对 PB 值比较靠前。

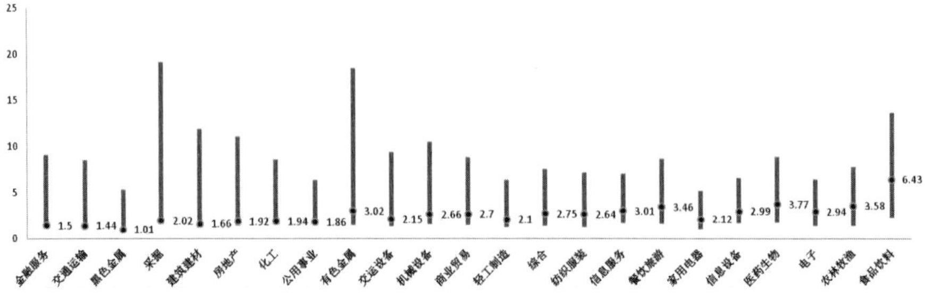

图 63　金融、交通运输的 PB 创新低

资料来源：WIND

从跨境市场横向比较来看，尽管 H 股一度暴跌令 AH 股之间溢价水平上扬，不过，随着年底 A 股进一步下跌，AH 股溢价水平再度回落。短期的突击做空行为导致投资者信心危机。因此，更有力度的救市行为才能抑制做空“蝴蝶效应”的持续扩散。

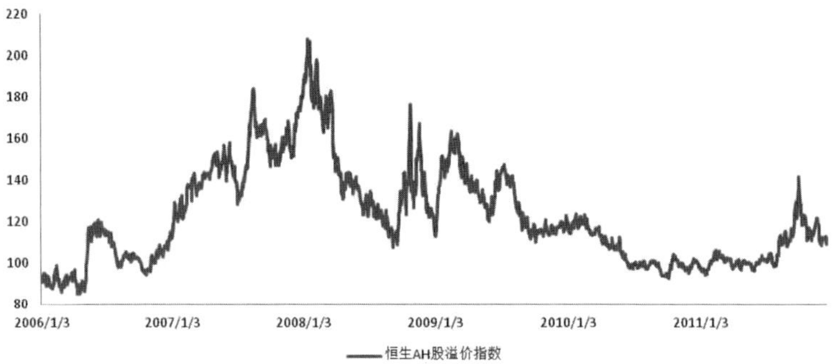

图 64　AH 溢价指数回落

资料来源：WIND

五、资产配置和重点组合

1. 投资思路：博弈转型经济中逆周期调控下的市场波段　布局传统行业周期底部的长线投资价值　谨慎把握新兴行业确定性高成长的风险溢价

从宏观基本面来看，经济增速放缓趋势将是大概率事件，而经济减速的原因很可能是政策调控收紧加之社会需求自发性萎缩的双重作用，这主要是由于经济转型困难阶段，总量控制措施已经难以解决社会有效供给和需求相匹配的问题，更多需要结构方面的调整。这也就意味着宏观政策，尤其是货币政策面临着较大调控难度。在政策面上，12 月份中央经济工作会议将 2012 年的经济政策基调定位“稳中求进”，其中“稳”的政策基调就是更多地考虑了经济转型过程所出现或潜在的不稳定因素，而“进”则仍表达了发展的思想，即在发展中求转型，在发展中求强盛。因此，可以预计明年初货币政策仍有适度放松，而信贷增速反弹背景下房地产调控明紧暗松的格局或出现，楼市回暖情况下有望降低经济硬着路的概率。从市场面来看，可自由流通市值难以逾越 10 万亿水平反映 2008 年以来股市投资吸引力没有得到有效提升，重“融资”轻“投资”的股市文化难以获得社会财富的广泛认同，分红、退市、IPO、再融资等市场机制仍有改革提升的空间，而吸引外资和推进中国 401K 计划或对推进市场机制改革有正面作用。在宏观经济软着路的假设前提下，预计 2012 年上证指数低位约在 2000 点附近。而发展 A 股投资文化，推进市场机制改革循序渐进的背景下，考虑到虚拟经济有望受益于货币适度宽松下的流动性改善，上证指数高位约在 2800 点附近，全年或演绎重心适度上移的震荡格局，市场仍有望“稳”中回升。

关注业绩成长较确定的估值修复行情，推荐金融服务。

关注成本回落带来的行业价值洼地，推荐火电。

关注政策适度放松带来行业波段机会，推荐地产、建材。

关注稳定现金流增长带来市场防御价值，推荐机场。

留意政策推动下的行业发展机遇，关注文化传媒、环保。

2. 风险提示

货币放松程度有限，楼市调控力度不减导致宏观经济硬着路。

欧债危机影响扩大，中国出口增速大幅下滑。

伊朗核问题升级导致原油价格大幅上涨。

美国 QE3 推出倒逼国内再度货币紧缩。

3. 投资组合：

英大优先：

股票名称	股票代码	股票名称	股票代码
鲁泰 B	（200726）	招商局 B	（200024）
南玻 B	（200012）	长安 B	（200625）
基金开元	（184688）	基金金泰	（500001）
基金安信	（500003）	基金裕阳	（500006）
基金同益	（184690）	基金裕隆	（184692）

英大稳健：（2011 年英大稳健组合收益率在券商十大金股组合中排名第一）

股票名称	股票代码	股票名称	股票代码
中国神华	（601088）	美的电器	（000527）
格力电器	（000651）	中国水电	（601669）
招商银行	（600036）	民生银行	（600016）
工商银行	（601398）	中国平安	（601318）
中国建筑	（601668）	中国铁建	（601186）
中化国际	（600500）	中国化学	（601117）
中国石化	（600028）	保利地产	（600048）
华域汽车	（600741）		

A股真实牛市启程

李大霄　郑罡

2014年11月12日

2014年，中国A股市场表现明显强于全球其他主要股票市场。截至2014年11月12日，美国道琼斯指数年涨幅为6.26%，纳斯达克指数年涨幅11.59%，标准普尔500指数年涨幅10.35%；而在欧洲，英国富时100指数年内下跌2.24%，法国CAC40指数年内下跌1.96%，德国DAX指数年跌幅则有2.99%；亚洲的日经指数年涨幅仅为5.56%，韩国综合指数年内则是下跌了2.19%。相比之下，上证综指年涨幅达到17.89%，沪深300指数年涨幅则有11.34%，上证50指数年涨幅也达到9.92%。A股市场一改近四年持续下跌表现，上证指数已经连续3个月位于30月均线上方，这与1996年和2005年两次大牛市初期的市场表现十分相似，基本确立空头势尽多头占优的牛市格局。2123点以来钻石底打磨周期基本完成，市场基础是牢固的，中国A股真实牛市即将到来。

所谓真实牛市是反映经济成长、反映上市公司业绩的。牛市产生的理由有五个：利率水平持续下降、蓝筹股估值到位、市场供应量受控、股票需求显著增加及沪港通拓宽外资入市通道。

理由一：降低企业融资成本将促使利率水平下降。

第一，影响利率下行的长期因素是潜在经济增速逐步走低。

首先，从绝对规模上来看，2014 年中国国内生产总值接近 10 万亿美元，是世界第二大经济体，与第一大经济体美国的 GDP 差距缩小至 70% 左右，是第三大经济体日本 GDP 的近两倍。国内经济规模总量逐步接近全球第一大经济体，那么，经济增速继续呈现逐步上升的可能性较低。对于主要依靠后发竞争优势发展的经济体来说，潜在经济增长速度将受到最大经济体绝对规模的限制。预计未来每十年，国内潜在经济增长速度都可能有 1% –2% 下滑幅度。

其次，随着人力成本的上升以及国家环保要求的增强，传统低附加值、污染严重的中低端制造业将逐步萎缩，而对人力素质要求高、技术水平要求高的高端产业发展则仍需积累时间。因此，在经济转型升级的周期，整体经济增速也会有所放缓。

再则，国内投资增速也有回落。2014 年 9 月，国内固定资产投资完成额累计同比下滑至 16.1%，其中房地产固定资产投资完成额累计同比降至 12.5%，地方项目固定资产投资完成额累计同比下滑至 16.2%，只有中央项目固定资产投资完成额累计同比回升至 12.2%。房地产市场和地方融资平台的吸金能力大不如以往，投资增速放缓自然拉低了整体经济增速，国内市场利率随之回落。

第二，低通胀水平打开了利率下降的空间。

自 2011 年 7 月国内消费物价总水平创出 6.45% 同比最高涨幅后，该指标就一直呈现震荡回落的趋势。2014 年 9 月，国内 CPI 同比更是回落到 1.63% 的低位。而国内工业品价格指数更是 31 个月处于负增长状况，工业产能过剩的局面至今仍未有效改善。

自 2014 年 6 月以来，国际原油价格也出现了大幅回落。纽约期油由 107.68 美元/每桶跌至 75.84 美元/每桶，期间跌幅达到 29.57%。而同期人民币汇率并未再现年初贬值的趋势，人民币对美元汇价由 6.258 元人民币兑 1 美元升至 6.1108 元人民币兑 1 美元，期间升幅约有2.35%。人民币升值和国际能源价格下跌导致国内能源进口价格走低，北京92号汽油零售价也由6月的7.98元跌至6.92元。美国量化宽松退出，而日欧量化政策加码，预计美元中期延续强势。国内经济增速放缓，沙特等主要产油国调整竞争策略，原油价格短期回升的概率偏低。因此，预计中期输入性通胀压力并不显著。

由此，整体物价升幅持续低于同期利率水平，企业扩大再生产的动力不足。为了避免生产者负面预期对经济增长不利的影响，货币当局也将会考虑调低基准利率水平。

第三，金融市场效率提升促进借贷成本回落。

2014年5月30日，国务院常务会议部署落实和加大金融对实体经济的支持。要求降低社会融资成本，规范同业、信托、理财、委托贷款等业务，清理不必要的资金“通道”、“过桥”环节，缩短融资链条。7月23日，国务院常务会议专门研究部署多措并举缓解企业融资成本高问题。会议内容包括保持货币信贷总量合理适度增长、抑制金融机构筹资成本不合理上升、缩短企业融资链条、清理整顿不合理金融服务收费、提高贷款审批和发放效率等十方面内容，即金融“新国十条”。8月14日，国务院办公厅发布《关于多措并举着力缓解企业融资成本高问题的指导意见》。该《指导意见》明确了金融“新国十条”各项任务的负责部门，要求任务落实要有布置、有督促、有检查。

此后，相关部门具体执行政策相继出台。9月和10月，央行通过MLF向国有商业银行、股份制商业银行、较大规模的城市商业银行和农村商业银行等分别投放基础货币5000亿元和2695亿元，期限3个月，利率为3.5%，在提供流动性的同时发挥中期政策利率的作用，引导商业银行降低贷款利率和社会融资成本。10月14日，银监会严令开展银行业金融机构同业新规执行情况专项检查，重点检查同业业务专营部门经营的合规问题。同日，央行正回购利率降至3.4%。10月17

日，保监会公布《关于保险资金投资优先股有关事项的通知》，支持银行优先股融资。

受益于央行一系列宽松刺激措施以及金融机构监管部门的规范整顿措施，实体经济融资成本开始显著回落。3A 级中债企业债 1 年期、5 年期和 10 年期到期收益率分别由 9 月 10 日的 4.8319%、5.2104% 和 5.6745% 回落至 11 月 12 日的 4.0408%、4.4029% 和 4.6297%，降幅分别达到 16.37%、15.50% 和 18.41%。

理由二：蓝筹股估值到位

第一，横向比较来看，截至 2014 年三季度末，A 股市场估值低于欧美的发达地区资本市场。

从市值比较来看，美国三大股指成份股市值排名前三，分别是标准普尔 500 指数的 18.192 万亿美元，纳斯达克指数的 7.2473 万亿美元以及道琼斯工业指数的 4.9473 万亿美元。排行其后是英国富时 100 指数成分股市值的 2.9861 万亿美元和日经指数成分股市值的 2.8468 万亿美元。上证综指和沪深 300 成分股市值分别以 2.8166 万亿美元和 2.504 万亿美元排行第六和第七。

然从市盈率比较来看，根据彭博数据，美国纳指、标普 500 和道琼斯指数的静态市盈率分别达到 22.33 倍、18.55 倍和 16.08 倍，日经指数和富时 100 指数的静态市盈率也分别有 19.75 倍和 15.44 倍，金砖五国中南非约翰内斯堡综合指数、印度孟买交易所 SENSX 指数和巴西证券交易所 BOVESPA 指数的静态市盈率则分别为 16.38 倍、15.78 倍和 14.52 倍。而同期沪深 300 的静态市盈率只有 9.27 倍，上海综合指数的静态市盈率为 10.25 倍。

从市净率指标来看，美国纳指、标普 500 和道琼斯指数的市净率分别有 3.63 倍、2.61 倍和 2.9 倍，日经指数和英国富时 100 指数市净率分别为 2 倍和 1.78 倍，金砖五国中南非约翰内斯堡综合指数、印度孟买交易所 SENSX 指数和巴西证券交易所 BOVESPA 指数的市净率则分别为 1.27 倍，3.13 倍和 1.49 倍，而同期沪深 300 的市净率为 1.41 倍，上海综合指数的静态市净率为 1.49 倍。

第二，纵向比较来看，蓝筹股估值较历史平均估值水平的下滑幅度更大。

2005 年 9 月 13 日股改以来，沪深 300、上证 50 和上证综指的成分股平均市盈率分别为 18.24 倍、17.57 倍、18.79 倍，而 2014 年 11 月 12 日沪深 300、上证 50 和上证综指的成分股市盈率分别为 9.06 倍、7.57 倍和 9.90 倍，较平均水平降幅分别有 50%、57% 和 47%。股改至今，全部 A 股平均市盈率为 20.33 倍，11 月 12 日全部 A 股市盈率为 12.89 倍，较其平均水平降幅有 37%。

市净率指标的情况也基本相似。股改以来，沪深 300、上证 50 和上证综指的成分股平均市净率分别为 2.65 倍、2.67 倍、2.58 倍，而 2014 年 11 月 12 日沪深 300、上证 50 和上证综指的成分股市净率分别为 1.35 倍、1.18 倍和 1.44 倍，较平均水平降幅分别有 49%、56% 和 44%。股改至今，全部 A 股平均市净率为 2.72 倍，11 月 12 日全部 A 股市净率为 1.77 倍，较其平均水平降幅有 35%。

第三，从股息率来看，蓝筹股的吸引力要大于现金和债券。

收入方面，沪深 300 板块近三年营业收入复合增长为 14.34%，而上证 50 板块近三年营业收入复合增长为 16.35%；利润方面，沪深 300 板块近三年净利润复合增长为 11.76%，上证 50 板块近三年净利润复合增长为 13.16%。因此，假设 2014 年蓝筹股的股息增幅为 12%。

以 2014 年 11 月 12 日收盘价为准，沪深 300 板块 2014 年预期股息率为 3.78%，上证 50 板块 2014 年预期股息率为 4.63%，银行股板块 2014 年预期股息率为 6.77%。

2014 年 11 月 12 日，一年期存款利率为 3%，一年期国债到期收益率为3.1515%，一年期3A级企业债到期收益率为4.0408%。

投资大盘蓝筹股的预期固定收益水平已经高于银行存款和同信用等级的固定收益类产品。倘若加上蓝筹股资本利得的预期收益水平，那么，蓝筹股的持有期预期回报率将会更高。显然，蓝筹股的吸引力要大于现金和债券。

理由三：IPO受控减弱股票供给压力

第一，IPO发行节奏受到控制。

2014年5月29日，中国证监会研究部署了学习贯彻《国务院关于进一步促进资本市场健康发展的若干意见》的相关工作，通知当中明确提出要稳定市场预期，从6月到年底计划发行上市新股100家左右，并按月大体均衡发行上市。这一表态大大缓解了市场此前预期的600家拟上市企业带来的股票供给压力，使得消化IPO堰塞湖周期被拉长，中短期股票市场供求关系得以改善。

从6月至今，证监会IPO发行批文的下发节奏控制相当保守。6月10家、7月12家、8月11家、9月11家，10月11家，11月11家，总计66家，证监会表示将按照各月大体均衡的原则安排发行，不会出现单个月份发行20家的情况，也就是说实际下半年发行新股100家可能性不大。尽管，大盘股IPO在近期每月获准发行新股的占比中有所增加，然监管层对发行数量和发行价的控制已大大减轻了融资端对市场的冲击。

第二，商业银行通过发行优先股来补充资本。

较长时间以来，商业银行资本补充主要依靠自身利润留存和少量的次级债券，其发行普通股往往受到市场抵触。然商业银行利润留存并不能满足一级资本补充的需要，而次级债券仅能作为其附属资本。此外，商业银行发行普通股又面临银行业上市公司股价低于其净资产的尴尬，普通股融资就意味着国有资产流失。因此，发行优先股成为银行这类大盘蓝筹补充资本的主要方式。

2013 年 11 月 30 日，国务院发布《关于开展优先股试点的指导意见》。2014 年 3 月 21 日，证监会发布《优先股试点管理办法》。4 月 18 日，银监会和证监会发布《关于商业银行发行优先股补充一级资本的指导意见》。10 月，保监会也出台支持银行优先股融资相关举措。根据商业银行资本监管规定，优先股可能存在强制转换为普通股的情况，因此，银行优先股发行将主要通过非公开发行的方式展开。也就是说，股票二级市场将不会直接面对银行股权融资的冲击。

第三，部分蓝筹股市值低于净资产，抑制了其股权再融资意愿。

据统计，沪深两市有 58 家上市公司的市净率低于 1，其数量占全部 A 股家数的 2.26%，而其市值则达到全部 A 股总市值的 15.57%。除了 13 家银行之外，市净率低于 1 的其余 45 家上市公司则分布在钢铁、有色、房地产、机械、航空、建筑、通信、公用事业等行业中，而为避免资产贱卖，这些大市值公司多无意在股价低迷阶段进行普通股再融资。

由此可见，受益于 IPO 受限、银行再融资转战优先股市场以及部分蓝筹无意股权再融资，股票市场供给压力大大减弱。

理由四：大力引资增加股票需求

第一，上市公司回购、大股东及高管增持规模增加。

近年来，上市公司在二级市场回购自家股票，以及上市公司大股东、高管等增持上市股份所支付金额逐年增加。2012 年至 2014 年 11 月的近三年间，每年上市公司完成回购的金额分别为 7 亿元、41 亿元和 33 亿元。同期，上市公司大股东、高管等增持上市股份金额分别为 432 亿元，495 亿元和 665 亿元。

第二，员工持股计划快速发展。

2014 年 6 月 20 日，证监会发布《关于上市公司实施员工持股计划试点指导意见》，明确上市公司可以根据员工意愿实施员工持股计划。近四个月以来，已有28家公司推出员工持股计划，拟筹集资金近百亿元。预计员工持股计划规模将超越上市公司回购和大股东及高管增持规模，成为上市公司层面增持股份的主要力量。

第三，基金发行数量和规模均有增加。

2012年至2014年11月的近三年间，每年新发私募股票型基金数量分别为482只、983只和2006只，每年新发私募股票型基金规模分别为240亿元、208亿元和276亿元。

而同期，每年新发公募股票型基金数量分别为93只、73只和62只，每年新发公募股票型基金规模分别为1099亿元、580亿元和526亿元。由于，公募股票型基金整体发行状况往往是市场行情的后验指标，其总体规模增长尚不理想。不过，2014年11月公募股票型基金平均发行规模已经回升14.38亿份，预示着公募发行状况也将逐步改善。

第四，保险与社保重仓流通A股市值总额均有增加。

2012年3月至2014年9月，保险公司重仓持有流通A股市值总额基本保持在4800亿元左右，其中险资重仓A股市值总额最低位出现在2014年一二季度，分别为4289亿和4282亿。2014年三季度，险资重仓A股市值总额回升至5080亿元，环比升幅达到18.65%，是近三年来季度环比升幅最大的一次。

2012年3月，国务院批准社保基金管理运营广东养老金。近年来，社保基金投资股市规模持续增加。2012年一季度，社保重仓持有流通A股市值总额为481亿元，而到了2014年三季度，社保重仓持有流通A股市值总额已经达到1294亿元，期间增幅达到169%。

第五，QFII和RQFII额度大幅增长。

2012年底，获批的QFII和RQFII的额度分别是354.68亿美元和670亿元人民币。截至2014年11月12日，获批的QFII和RQFII的最新额度分别是640.61亿美元和2944亿元人民币，期间增幅分别为80.62%和339.40%。2014年三季度，QFII所持有的重仓股中20倍市盈率以下股票资产市值占其所有重仓股市值的比重为87.34%，外资偏好蓝筹股的投资倾向十分明显。

理由五：沪港通拓宽外资入市渠道

2014年5月9日，中国证监会就沪港通《若干规定》向社会征求意见。沪港通将为A股市场带来增量资金，还有利于改善市场存在的一些结构性问题，完善市场的投资环境。

第一，为A股市场引入“活水”。

在我国资本账户尚未完全开放的背景下，境外投资者想要投资A股，目前主要通过QFII和RQFII的审批额度来完成。沪港通这一创新机制将在原有合格境外投资者的制度安排基础上，拓宽境外投资者投资内地股市的渠道并形成有效补充，其中沪股通总额度为3000亿元人民币。而目前A股市场估值在全球处于低位，特别是以大盘蓝筹股为代表的上海市场，而此次沪港通试点中沪股通的投资标的主要为质地较好的上证180指数和上证380指数的成份股，无论是从纵向历史对比还是从横向国际比较的角度看，这些蓝筹股均具备估值优势，有望吸引更多的国际资本通过沪港通流入A股市场，为市场的持续发展注入新的活力。2012/13财年，外资机构在香港股市投资占比为41%。倘若不考虑沪港通配额限制，将外资机构在香港股市投资配比复制到A股市场，除去QFII和RQFII所占份额，新增外资规模至少会有1.8万亿美元。

第二，改善A股估值结构性失衡现状。

过去A股市场上不时出现“三炒”、新股“三高”等非理性投资行为，重要原因在于，股票供应限制所产生的股票“稀缺性”和“壳资源”价值。这个“资源”价值的存在使得部分中小市值股票的市值显著高于其内在价值。沪港通制度安排相当于在不需要发行新股融资的情况下有效增加了股票供应，扩大了境内投资者的可投资范围。过去由于股票供应有限而出现非理性炒作的部分新股、伪成长股、垃圾股、题材股等将因此向合理价值回归。与此同时，低估值蓝筹股的长期投资价值将更容易获得境内外投资者的关注与青睐，估值有望得到修复。因此，沪港通的推出对于改变 A 股估值结构失衡的现状将起到积极作用，而合理的估值结构能使资本市场更好地发挥资源配置的效用，是股市长期健康发展和提升投资回报率的基础。

第三，优化投资者结构、引入成熟投资理念。

目前 A 股市场以个人投资者为主导，截至 2013 年底，机构投资者占 A 股流通市值的比例仅约十分之一；而香港市场则以机构投资者为主导，2012/13 财年，港交所约六成的成交量由机构投资者完成。同时，香港市场上机构投资者的视野更加国际化，其投资理念、定价体系与估值体系都更加成熟与完善；相对于内地投资者更加看重上市公司的盈利质量和分红情况，投资行为也更加理性。因此，沪港股市交易的互联互通将有利于优化 A 股的投资者结构、提升机构投资者的话语权，引导内地资本市场的投资理念和估值体系向国际成熟市场接轨；而互联互通后两地市场的价格发现功能将对 A 股市场的短期非理性交易行为形成有效抑制，促进 A 股市场投资行为的理性化和长期化，有利于市场的长期稳定和有序发展。

第四，创造更加规范的投资环境。

相对于 A 股市场，香港市场在监管和制度规则上都更加完善与成熟；沪港通实现之后，通过两地各项业务的合作与交流，A 股市场的监管效率、交易制度、法律环境、配套规则等方面都将进一步得到提高与优化，为投资者创造更加规范化、市场化的投资环境，更好地保护好投资者的利益，从而提振投资者对 A 股市场的信心，提升 A 股市场的吸引力，为A股市场的健康发展提供制度保障。

沪港通作为我国资本市场对外开放的重要内容，拓宽了沪港两地投资者的投资渠道和两个市场的资金来源，也将对资本市场存在的诸多结构性问题的解决产生积极影响，并引导监管层向更加有利于投资者的方向进行制度优化。沪港通这一项创新的制度安排将促进内地资本市场更为健康地发展，为开启A股真实牛市奠定基础。

投资策略

大类资产配置方面：从2014年资产配置吸引力来讲，股票大于债券和现金。股票类资产投资吸引力比较排序依次为：封闭式基金、上证50ETF、沪深300ETF、A股低估值蓝筹股。

行业配置方面，建议关注：金融、地产、基建、高铁、电力。

重点关注两条主线：（1）传统行业类股票在过度下跌之后估值修复的投资机会；国企改革；沪港通。（2）关注中国经济转型过程中，节能环保、高端装备制造、新信息技术、新能源、新材料、高科技等成长型股票彻底回调后的长期投资机会。

风险提示

警惕市场五类高估值股票的投资风险。五类股票为：垃圾股、次新股、伪成长股、题材股、小股票。高估值泡沫爆破的诱因包括：新退市制度正式生效，沪港通的开通，A股投资理念走向成熟。

五大逻辑支撑“地球顶”的判断

6月15日上午，英大证券研究所所长李大霄发表微博称：“5178.19地球顶，用烙铁烙定了。”此前，他曾在6月9日称“5147.45地球顶，顶定了”，5月5日称“4572地球顶”。

而昨日大盘的表现很不理想，上证指数以5174.42点开盘，最高仅到5176.79点后就一路震荡下跌，并失守5100点。截至收盘，沪指报5062.99点，跌2%，成交10649.9亿元；深成指报17702.55点，跌2.19%，成交9300.3亿元；创业板指数报3696.03点，跌5.22%，成交1848.17亿元。

五大逻辑支撑5178.19点“地球顶”

李大霄在接受金融界网站采访时自信的表示：“5178.19点的地球顶烙定了。就算破了，也不会偏离太远。”他表示，五大逻辑支撑“地球顶”的判断。

第一，A股当前估值水平偏高。截至目前，主板PE中位数约为86倍，创业板PE约150倍。主板股息率为0.27%，需要370年才能回本；创业板股息率为0.13%，需要769年才能回本。

第二，注册制的序幕悄然展开。当前，监管层从一个月发10家新股到30家到50家，再到“巨无霸”国泰君安的发行，打破了以往发行家数的限制。据测算，国泰君安单家公司的融资额大约相当于65家新股发行。“家数已经无意义了”，李大霄说，A股过度供不应求的格局将转为供求平衡，这将使高估值逐渐变得合理。

第三，双向交易工具完善。从沪深300指数到上证50指数再到中证500指数的推出，以及近年来股指期货、融资融券等工具相继上线。“做空工具逐渐从点到面，市场对于估值过度偏离的纠正几乎不可逆。”李大霄说。

第四，产业资本大量减持。据统计，2015年以来，产业资本一共减持将近5000亿元，其中5月至今的减持额高达2000亿元。“产业资本减持的力量非常大，这也几乎是不可逆的。而产业资本减持不受法律限制，只能靠道德制约。”

第五，去杠杆力度加强。今年以来，监管层不断加强对于杠杆的监管，尤其是对于场外配资的管理不断加码。“每家券商都没有钱可借了。”李大霄表示，这说明市场到了风场狂热的时候，投资者的风险意识比较薄弱，投资者教育以及适当性管理都需要加强，更给券商提出了更高的要求。

李大霄说，当绝大部分存量资产已经高企，而增量资产源源不绝向二级市场输入泡沫，“地球顶”就已经确立了……这是一场中国人的财富大转移的过程。

风险积聚A股泡沫超过历史任何一次

那么，接下来的A股将怎么走？李大霄认为，A股走势仍将分化，部分处于低位、上涨幅度不大的蓝筹股还有空间，但“黑五类”股票就比较危险了。

近日，证监会主席肖刚提出：1. 改革牛理论成立；2. 市场不差钱；3. 实体经济越差股市越涨的判断没道理，牛市建立在政府有能力保7%的预期基础上。此时提出顶部是否与监管层的态度相悖？

在李大霄看来，肖主席也是以提醒风险为主。证监会就新两融管理办法征求意见，严控场外配资，加码降杠杆，提醒风险的态度很明确。本轮牛市以来，上证指数从 2000 点左右一路上涨到 5100 点之上，风险已经越积越高，“股票便宜了要投资，贵了要警惕，这是再正常不过的事情”。

此次股票热潮，股民参与的广度和深度，超越了股票历史上任何一次，而大部分股票的泡沫程度，也超越了历史上任何一次。如何平稳地削减股票泡沫是一个非常大的难题，我们的股市其实历史尚短，并不具备足够的应对经验和方法，投资人要非常小心谨慎。

“自己的对错是轻的，能够真正警示风险，维护大众利益是重的。”李大霄再次表示。

原文为《李大霄：烙定 5178 点“地球顶”A 股泡沫超越历史》

“婴儿底”已经成立五理由

2015年6月12日至8月26日，A股市场一改之前的强势上涨行情，在短短53个交易日内，沪指由5178点下跌至2850点，期间跌幅达到45%。短期下跌迅速吞噬了全年的上涨空间，股市由过热转入极寒，然希望往往是在困境中重生。2015年8月27日晚22时，笔者在微博上正式发表看多A股观点，提出“婴儿底”成立的五个理由：

1. 主要蓝筹股估值已经到位。A股第一轮下行从沪指5178点到3373点，第二轮从4006点到2850点，市场调整幅度基本到位。在2850点“婴儿底”附近，主要蓝筹股出现了低估，上证50的PE为8.5倍，股息率达到3.66%；

2. 杠杆水平已经基本正常。在“婴儿底”附近，融资余额从2.27万亿降到1.1万亿，高杠杆现象已得到改善。9月初至10月以来，A股融资余额基本维持在0.95万亿至0.9万亿之间，融资余额占A股流通市值比为2.34%，美国股市则为2.51%，场外配资清理接近80%。

3. 影响市场的做空机制已经暂停。像所有存在争论的融券、股指期货、分级基金、期权等已经暂停或者大幅减弱功能；

4. 限制减持及暂停IPO。影响市场的产业资本减持已经做出限制，只能买不能卖。IPO暂停减轻了供应压力。

5. 救市措施渐渐发挥作用。人民银行双降、向市场提供流动性，养老金入市准备、证金公司护盘、汇金公司维稳、社保基金入市、保险基金加大投资、上市公司大股东及高管增持、减免红利税、加大上市公司分红等一系列大力度的救市政策渐渐发挥作用。

目前，股市做空动力已显著衰竭，国家维稳救市力度有增无减，国内财政货币政策同时发力保障经济平稳增长，人民币币值波动收敛并趋于稳定。国庆节后，A 股市场重新上行，“婴儿底”构建初步成型。“钻石底亮晶晶，地球顶沉甸甸，婴儿底抱紧紧”，A 股新的投资机会已经显现！

附录：媒体聚焦

股市中，大部分的观点往往是错的

看清行情，眼光要老到。

对于李大霄这个名字，稍有炒股经验的人大概都听说过。

作为个人投资者，他是深交所 1 号股东代码的持有者；作为机构分析师，他是 6124 点时唯一一份判断牛市见顶的研究报告的主笔人。1992 年接触股票市场，1997 年从外企转行从事证券研究，2008 年因“讲真话”被迫离开生活 20 多年的城市，李大霄说自己从没有后悔过。虽然从业以来没有得到一次“最佳”或者“明星”之类的分析师行内最高荣誉，但对于大市精准的判断和敢“讲真话”的胆量，依然为他在广大股民中拥有大量的“粉丝”。

他这样总结自己 20 年来的证券投资和研究成果：“股票市场的思维方式与现实世界中的不尽一致，在股市里，大部分的观点往往都是错的。”

“半路出家”的分析师

在当前的国内证券分析师行业中，“看出身”似乎已成为一种潜规则。何处海归、哪家名校毕业、导师姓甚名啥、专业方向……对于素不相识的分析师（研究员），这些话题往往能让他们拥有更多的共同语言。可是在这方面，“半路出家”的李大霄可算做众多分析师中的一个特例。

1992 年，中国股市刚刚起步。当时李大霄已在一家外资公司工作

7 年，有着令人羡慕的高额薪酬，但这一切并没有令他放弃对证券研究的强烈追求。1997 年，李大霄在全家人强烈反对的情况下，毅然从外企辞职，应聘到当时的东莞证券，从一名最基层的咨询员做起，而初始薪水只有外企的 1/10。

回忆起那段岁月，李大霄丝毫不觉得委屈。他告诉记者，能够主动选择自己喜欢的职业从未后悔。面对来自专业知识的不足，那时候的李大霄想方设法四处收集各种有关股票的报刊杂志，对于重要的资料做了大量的笔记。他甚至托人从当时的香港、台湾带来股票书籍，仔细研读。正是这种超过一般人的热情加上勤奋的学习，1999 年他成功通过了全国首批证券执业资格考试，成为东莞证券第一个拥有执业牌照的分析师。

预言顶底从未看走眼

20 年来，依靠自己勤奋的学习和扎实的研究，李大霄从最基层的咨询员一直做到研发中心主任，再到首席分析师，对于 A 股市场的牛市大顶和熊市大底，做出了多次精准的判断，几乎从未在重大点位判断上出现过错误。

李大霄回忆，最早一次判断熊市见底是在 1994 年，当时的 7 月 29 日，上证指数一度跌至 325 点，相较 1993 年的牛市高点 1558 点刚好跌去 80%。他判断市场在 333 点（当天收盘点位）已基本见底。紧接着 8 月 1 日，监管层发布三大政策救市，股市应声暴涨，重新启动新一轮牛市。到 9 月份，上证指数站上 1000 点，涨幅超过 200%。而 325 点也成为那一轮牛熊市的转折点。

另一次较为得意的判断来自 2001 年科技股泡沫的破灭。李大霄回忆，早在 2000 年末他就警告全球股市长期估值已经见顶，只是 A 股一直到 2001 年的 6 月份才正式见顶。但无论如何，科技股泡沫破灭造成全球股市的全面下跌的事实已不可更改。

最近的一次判断，也是最为当代股民记忆深刻的，便是2007年6124点时，对于A股“长期估值顶部已经形成”的精准判断。当年12月19日，沪深股市正处于自6124点下跌1200点之后的一轮反弹行情的初期，几乎所有的机构研究员都在一面倒地看好2008年的股市行情。可是就在这时，时任东莞证券研究所所长的李大霄却在其博客上第一次发文，从三大部分用16条理由来论证，判断A股长期估值顶部在6124点之后已经形成。虽然文章发表之初的确引来不少投资者的关注，但随着当时股市的节节反弹，文中对A股后市的精辟分析很快湮没在了排山倒海般的叫好声中。虽然当年的最佳分析师评选再次将李大霄排除在外，虽然因为种种原因离开了工作近20年的东莞证券转投英大证券，但在李大霄心目中，对这篇报告的评价仍是“自我感觉比较满意”。

2010年坚定持股

1664点以来，李大霄又是国内最早看多A股大熊市见底的分析师之一。经过1年多的上涨，目前沪深股市均从2008年的低位翻了一番多。面对即将到来的2010年，李大霄表示，2010年股市“融冰之旅需要坚持”“坚持就是胜利”。

对于“坚持”的理由，他认为A股的全流通时代到来是真正的重大利好，“2009年73%的股票已经开始全流通，这在我国19年股票历史上是首次”。全流通后，优质资源将逐渐通过IPO、资产注入、整体上市等途径向上市公司集中，中国最优秀的企业成了股市的主体，使证券市场具备真正意义的投资价值基础，而不仅仅是一个融资场所。他相信，居民储蓄向证券市场转移才刚刚开始，1664点是中国资本市场的一个新起点，全流通后大股东和投资者利益一致，市场环境得到根本改变。

具体来说，2010年“市场重心总体向上的概率较大，但会反复振荡，随着涨幅增加，振幅也会加大。当上市公司未来的估值水平获得业绩支撑后，目前点位并不是高不可攀，还有进一步上升空间。所以，把时间放长远一些，6124 点需要淡泊，1664 点需要勇气，现阶段则需要坚持!”

2007 年以来观点实录

2007 年 9 月 17 日

李大霄：A 股已经进入高泡沫区

到 2007 年 8 月 27 日，根据交易所的数据，沪深两市平均市净率为 6.3 倍，已经超过 2000 年 6.09 倍的市净率水平。而 2000 年的股票价格水平，从 18 年 A 股历史的角度看，无论如何都是一个高位。而且由于现在的市场总量远较 2000 年的市场总量要大得多，泡沫总量也比 2000 年要大得多。

2007 年 12 月

李大霄：A 股长期估值顶部已经形成

A 股市值取得了突飞猛进的发展，但是，市场的估值也达到了世界的最高位。根据沪深交易所 10 月 17 日盘后公布的数据，沪市平均市盈率为 70 倍，深市平均市盈率为 73 倍。两市市净率达到 6.82 倍的高位，远高于通常水平。继续推升市场估值的动力已经不足，A 股长期估值的顶部有可能已经形成。牛市面临着巨大的考验，估值的下降速度在一段时间内要快于业绩的提升速度，在这个阶段中，牛市就有可能结束。

2008 年 2 月 22 日

李大霄：估值回归合理难以避免

股改好像是完成了，但更加本质的前半段完成了，也就是流通股东的午餐用完了，要进入付费的阶段了。而随着流通量的慢慢增加，估值回归到合理水平的过程不可避免，只不过将要发生的事还没有发生，因而还没有引起人们足够的重视。

2008 年 3 月 2 日

李大霄：并没有奥运行情

李大霄表示，目前股票价格仍然比较高，奥运是 2008 年资本市场的一个重大影响变量。李大霄认为，很多人觉得在奥运期间政府为了体现大国的地位和风范，为了增强国民的信心，在奥运期间股市一定会上涨。但事实是，历史事件和市场的表现有时不是完全吻合的。

我只能用更长的周期作为预测标准

南都：你是怎样得到 1 号股东卡的？

李大霄：1 号股东卡是我进入证券业之前的个人账户，当时很多人喜欢选择 6 号、8 号、18 号、88 号，我是第一个选，毫不犹豫选择 1 号。

南都：个人投资股票成绩如何？

李大霄：还行吧！后来因为规则就取消了账户。

南都：股票在你的生命中处于什么角色？

李大霄：研究员的工作分好几种，有当作任务的，有当作工作的，有当作兴趣的，有当作乐趣的，对我来说，应该是比较有乐趣。早期进入这个领域是兴趣爱好使然，现在随着人生思想的渐渐成熟，对股市也有一些感悟。

南都：如何才能选择一家好的公司和股票？

李大霄：挑股票跟挑人是一样的。相信一个人，要先观察他十年，时间太短这个人的本性不容易完全暴露。对股票和公司的观察理论上说应该需要更长时间，可是现在一家公司存在的平均年限仅有 7 年，观察的时间越长则可利用的投资时间越短，的确是个矛盾，需要在具体事件上具体把握。

南都：动辄数年的长线投资策略是不是落伍了？

李大霄：我最近也在思考这个问题。当前最流行的行为模式是短期的成功，是10秒钟抓住眼球的办法。我怀疑像我这样比较坚持自己的人很难取得成功，现实和理想的差距有时候太大了。

南都：20年的股票研究中有没有犯过错？

李大霄：对每个人来说错误是经常有的，关键是以什么标准来衡量对错。有的人对自己的预测担保没有错，有的人对股票后市的判断精确到年、月、日，有的人则恨不得精确到分钟。我认为自己是一个长趋势投资者，首先是因为自己没有达到以上这些要求的能力，所以只能用更长的周期作为我的预测标准。如果某一次我的判断出现偏差，我会首先检查结论的前提是否出现了变化。如果我的结论是普遍观点，我会怀疑我是不是错了。

南都：能用一句话来总结20年的研究感悟吗？

李大霄：股票市场的思维方式与现实世界中的不尽一致，在股市里，大部分的观点往往都是错的。在股市中取得成功或者有经验的人，在其他行业取得成功的概率也偏大，因为这些人对社会、对事物的理解会有更深刻的感悟。

《南方都市报》　李鹤鸣　2009年12月2日

现在是股市带来希望的时刻

如果不是故纸堆的白纸黑字摆在那里，记者很难相信李大霄近年来屡次在大趋势判断上的精准。如果说2005年5月26日在深圳某报撰文《情况在发生变化》，认为股市已可“播种”离现在已时日久远，那么，他在2007年11月23日某主流证券媒体上旗帜鲜明地亮出“A股长期估值顶部可能已经形成”则让人印象深刻，而“江湖”更是流传其随后的工作单位变更与其坚定的唱空不无关联。对于此事，李大霄并没有予以证实，只是说“原因很多”。如今更让人印象深刻的则是他在2008年11月下旬抛出的“股市希望论”，“6124点卖出需要智慧，1664点买入需要勇气”是他近期反复阐述的观点。

全球最恐慌的阶段已过去

“呵呵，我还有一个‘大预言’呢!”在2008年12月16日接受《红周刊》记者采访的末尾，李大霄笑道。“2000年在东莞‘荔枝节’上我以‘摘荔枝’做比喻，号召大家要卖出股票。其实不仅是在东莞，当时我动员所有的朋友，不仅是国内的还有海外的，要把所有的股票都卖掉，因为全球可能已经形成超级大顶。而现在，我要再次‘预言’，过去的11月是全球主要资本市场最最恐慌的阶段，也就是说，我认为，全球主要资本市场的低点在11月已经出现，最恐慌的阶段已经过去。”

李大霄将11月24日美国政府宣布将全力救助花旗银行作为全球

资本市场转折的重要标志。“全世界没有其他任何一家金融机构能庞大过花旗银行，也没有其他任何一家金融机构的声誉要好过花旗银行，美国政府的救助表明兑现了‘不会再让大型金融机构倒下’的承诺，而这，就是全球市场的拐点。”

对于海内外媒体长篇累牍报道的金融危机，李大霄的观点是，“从传媒的尽责程度来看，这次危机的渲染非常充分或者是过于充分”，其中的潜台词令人莞尔。“这次金融危机比1987年、1997年的危机都要严重，但与媒体动辄相提并论的‘1929年美国大萧条’则绝对不可比。1929年美国的失业率是24%，而现在是6.6%。你去看看报道，当时很多家庭自己种植粮食和蔬菜，缝制衣服，而现在，普通美国家庭的生活状况则全然不是这回事，多数人只是减少了高档消费而已。”

尽管如此，不谈遥远的美国，回到中国上来，报章上动辄“破产潮”、“返乡潮”的报道，还是让人触目惊心，金融危机向实体经济的传导似尤以“珠三角”为烈。身处南国的李大霄的亲身感受是怎样的呢？“我了解的情况是，东莞中小企业减产30%；而众所瞩目的深圳房价，现实的情况是深圳关外地区的房价跌去了30%～50%，关内的约跌去15%～20%。你要问我影响到底有多大，我只能告诉你用这些数据来说话，用‘一片狼藉’来形容并不贴切。”

1664点的估值水平或成为底部的重要原因

全球市场如若企稳，无疑将为A股市场创造良好的外部环境。这是李大霄认为“1664点买入需要勇气”的原因之一。但股市向来是消灭预言家的场所，尽管“2005年宣传‘播种’，2006年劝大家不要‘拔青苗’，2007年说该摘苹果了，2008年要保护胜利果实”，这些言论如今回头看来都被证明“预言正确”，李大霄仍呵呵地笑说，“也许这次就错了。”话虽如此，但李大霄“翻多”的最根本的原因还在于政策面上的“V形反转”。

“从长期看，跟随政策的脚步是能够取得较好的收益的。”李大霄认为，尽管从企业的基本面来看还有恶化的趋势，但正因此我们要对抗经济下滑，惟有大幅调整经济政策，从“双防”到“一保一控”，再到11月初发生剧烈变化，提出“适度宽松的货币政策以及积极的财政政策”，这是政策面上的巨大转变。而政策对证券市场产生的利好直接体现在，利率急剧下调后股息回报率凸现，目前股息率已与银行一年期定期存款与一年期国债回报率接近，而这还是在30%分红率的情况下计算出来的数字，这种情形在A股19年历史上只有2005年时出现过。

但2005年牛市成因中有一个决定性因素就是“10送3”的股改对价，而这一特殊优势早已不存。对于记者“当前市况与2005年有根本区别”的质疑，李大霄解释道，“非常宽松的货币政策的执行使得市场流动性急剧大幅增加，这将成为股市和房市的有力支撑，摆脱或者防止经济快速下滑；反过来股市与房市的稳定又支持了经济。”

值得注意的是，沪指从1664点反弹至今幅度超过20%，在“熊口”中被反复折磨的投资者胆战心惊，“反弹是否结束”成为最关心的问题。对此，李大霄肯定地表示：“没有结束！但会出现非常曲折的形态。”他的理由是，大盘由股灾的单边下行逐渐演化为当前横向争持的局面，市场有涨有跌，但整体重心在上移。

而对于市场认为基金做市值的排名冲动支撑此次反弹的观点，李大霄并不认同。在他看来，支持行情的动力远比“基金做市值”的冲动要巨大。他向《红周刊》记者分析了“三股介入的力量”，第一支力量来自于社保资金以及各类增持资金，社保资金11月悄然入市100亿元，而增持中又包括上市公司大股东增持、上市公司回购，以及以中石油集团、汇金公司为代表的央企“护盘资金”增持。第二支力量是新近发行的基金，尽管新基金在发行中遇到了不小的困难，但数量还是不小的，这部分资金入市较为积极。第三股力量则是包括私募和小型投资机构在内的游资和散户。

“两座大山”制造2009年震荡市

然而，随着年关的临近，一个突出的现实就是企业即将交出2008年盈利试卷。新近几个月的经济数据已经展示了企业盈利的严峻形势，今年四季度以及明年一季度业绩将会非常难看是近期市场的共识。有鉴于此，“大盘可能会再次下探1664”的忧虑，仿佛一把达摩克利斯之剑高悬于顶。但李大霄认为自己要乐观一些，因为“1664点这个位置是在市场非常恐慌状态下打出来的一个低点。当时包括中国石油（601857）、中国石化（600028）、包括汇金公司的‘三大行’（工行、中行、建行）均恐慌性下跌而砸出来的低点。现在市场再度出现类似恐慌的条件并不成熟”。

而对于前期市场在GDP“保8”问题上的“末日”心态，李大霄豁然一笑：“这种心态是不正确的，即便下滑，中国仍是世界上增长最快的经济体。我不非常乐观，但也不过分悲观。像2006～2007年那样的大牛市明年绝对不会重现，但2009年将是一个重心不断上移的震荡市。”

在李大霄的阐释中，“重心不断上移的震荡市”这一判断中包涵两层含义。第一层含义是：2009年A股市场面临“两座大山”，一是经济面上不会迅速好转，而注定是一个缓慢复苏的艰难过程。第二座大山则是无法回避的“大小非”。

“大小非”阵营出现哗变迹象

“但是，“大小非”绝不可能像2008年这样发挥‘空军’的力量！”李大霄话锋一转，“2008年以来至10月止，‘大小非’几乎是不顾一切、不计成本地往外卖，这也是大盘从6124点跌到1664

点的重要原因之一，但往后这段时间，‘大小非’阵营已经出现了哗变！”

李大霄认为“大小非”的哗变迹象体现在：从单向卖出变成有增有减，“大股东开始买了，上市公司高管开始买了，汇金公司出手了，以中石油为首的央企开始增持了……但更有说服力的迹象是，一家公司通过二级市场去买另一家公司股票的事情出现了，这是一道靓丽的曙光。在中国证券史上，从现在开始将出现真正的并购重组，因为全流通时代逐渐来临。那些不顾一切往外卖的上市公司会逐渐遭受惩罚，即它原来的位置被收购它的公司给改朝换代了。这种失去位置的痛苦将使‘大小非’们当初不顾一切减持的快感被深深的懊悔所替代。当这种懊悔的、痛苦的人越来越多的时候，大小非阵营就会发生哗变。随着行情的发展，哗变的阵营也会逐渐加大。”

而改朝换代意味着什么？在李大霄看来，以前不是全流通，因此没有真正的并购重组，而现在政策大力支持并购，“这是什么概念？这就是说，在全流通背景下，在政策支持的前提下，股市的功能将从纯粹的融资功能向丰富多彩的资源配置功能转化，而这就是我们证券市场的希望！”

市场将迎来真正的长期投资

在“重心不断上移的震荡市”的判断中包涵的第二层含义正是李大霄所说的“股市将带来希望”，更明确的说法就是“1664 点是长期投资区域”。对此，李大霄解释道，虽然他认为，在 1664 点播下的种子会逐渐而缓慢地生根、发芽、长大，但由于“两座大山”身形庞大，因此，谨慎的投资者可以在行情确认后再投资，也来得及。

李大霄把投资风格分为两种，一种是锦上添花，一种是雪中送炭。“锦上添花是银行家们干的事；雪中送炭就是在朋友最需要援手时拉他一把。做人的理念与做股票的理念是一样的。你看巴菲特，且不去理会他今年出手后又跌了多少，他一以贯之的理念就是在市场最恐慌的时候出手。运用到中国市场上来，即不要在国家挤泡沫的时候出手，而要在国家最需要帮助、要振兴投资的时候出手。现在，现金收益渐少，债券成为鸡肋，股票则带来希望！”从来不自称“价值投资”的李大霄出人意料地提出了“长期投资”的概念，让记者感到惊诧。牛市中风靡一时的“长期投资”在2008年遭受灭顶之灾，李大霄如今大言谈之，不怕遭遇谩骂吗？

李大霄这个券商研究所所长是从实战中打拼出来的。他个人的深圳股东账户代码是“1”，虽然从业后这个账户已不再使用，但“1”这个数字是他19年股票经历的见证。李大霄自认承受巨大压力的能力是自己19年中最突出的特质，因此，他并不畏惧在价值投资人人喊打时喊出“长期投资”的口号。

在他看来，现在提出长期投资与前一轮“股改牛市”的情况截然不同。如今大盘深跌下来后所步入的全流通时代的长期投资区域，意味着不再有2006～2007年那样速成的果实，而是进入一个长期而缓慢的投资增值过程。“我认为，A股市场投资者将在一个长期通道中，迎来像香港汇丰银行这样惠泽几代人的财富增值。”因此，他呼吁大家可以从现在开始，但长期投资的一个重要前提就是要播种正确的种子。那么在李大霄看来，哪些是值得播种的种子呢？为此，他给出了三个答案：QDII、封闭式基金以及B股，根据他的测算，B股的估值目前是全球最低。

记者注意到，基于可以理解的原因，李大霄有意无意回避了A股。在记者的追问下，李大霄含蓄地表示：“A股市场上出现了数目众多的值得投资的公司。”相对于PE（市盈率），李大霄更关注PB（市净率）这个指标，那些PB在2倍以下的公司无疑是他关注的目标。由于股息率诱惑凸显，他建议人们可以关注那些现金流充裕、具有较强分红能力，以及目前市场份额较小，未来有较大成长空间的公司。而在真正的长期投资年代，目前那些已经全流通或逐渐接近于全流通的龙头公司，更应成为投资者的首选，尤其是那些当前遭遇较大危机但有能力走出危机的龙头全流通公司，李大霄用了一个久违的词：伟大的公司。

《证券市场红周刊》 林鹰 2008年12月20日

三年来，100%准确的方法论

人不可能永远正确，希望正确的时间能延长些。

——李大霄

在本报2009年股市名嘴“秋后算账”系列报道中，英大证券研究所所长李大霄成为了当之无愧的牛人，三年来股市预测统计率达到了100%的准确率，名列众多股市名嘴榜首。2010年，这位牛人是怎样看待今年市场的？李大霄从五大方面深度剖析今年的市场。

三年来100%准确率的方法论

1. 从经济看热点

2009年，固定资产迅猛增长的方式使我们的经济出现了明显的复苏。包括采购经理人指数，宏观经济景气指数的先行指数、企业家的信心指数、消费者信心指数、工业品的价格指数都已经出现了明显的回升。而今年非常有可能发生的是消费比例会大增，投资的比例会降低，出口的比例会升高。2005~2007年，净出口对经济的贡献率曾达到20%左右，但是由于外需不足，2008年下滑到9.2%，今年预计贡献为负。随着欧美等国家经济的逐步复苏，今年的低基数效应等，预计2010年我国出口增速将明显恢复。另外，2010年扩大内需依然是宏观政策的重要目标，而我国二三线城市的消费升级才刚刚启动，潜力依然很大，所以2010年消费增长有望再接再厉。而股票市场上，黑马也会出现在消费板块，2010 年的投资机会是消费。

2. 从加息看流动性

流动性比较充裕的状况，在 2010 年可能重现。虽然 2010 年没有 2009 年的流动性那么充裕，还是有保持的可能性。首先很多人担心加息，但中国的利率水平仍然维持在一个比较低的水平上，就算加息仍然是低位。

另外，明年整个货币供应该是充裕的，因为在今年增长 29% 基础上再增长，这是一个大的前提。此外，从 2010 年开始，证券市场储蓄的资金慢慢会从银行拿到证券市场来，这个过程保持了流动性的充裕，而且这可以部分地抵消一点央行信贷收缩的效果。还有一部分是大家要注意的，从四季度的情况来看，新增外汇储备迅猛增加，而且增加速度可能在 2010 年继续增加。总而言之，流动性在 2010 年仍然是充裕的。

3. 从投资人行为看市场热度

“市场大多数人是错误的。”这是李大霄认为非常正确的一句话。他表示，市场大多数投资者往往不一定是正确的，多数人选择的同一个方向的时候，往往意味着反方向的开始，也意味着顶峰的开始。而从目前来说，市场的分歧仍然比较大，也说明投资人的行为在这个阶段里面还没有看到过于狂热的局面出现，整个市场也还没有出现非常狂热的迹象，现在请大家不要过于警惕。

4. 从政策动向看投资机会

研判市场非常重要的一个因素是政策面的动向，政策面的动向将会形成 2010 年的投资机会，将会有一个非常大的投资机遇，就是政策因素所给我们带来的投资机会。“央行已经第二年提出我们要稳定股票市场，在第一年提出此意见的时候市场涨 100%，今年是第二年提出我认为就算不涨那么多，也不至于跌那么多，这是我的第一个判断。”李大霄认为。第二，产业的拉动要转变为第一、第二、第三产业的协调带动。我们要依靠物资消耗向以高科技进步和劳动者素质的提高管理水平转变，而且第二产业在这个地方找投资机会，都是有可能的。在第一产业和第三产业里面的投资机会将多一些，高科技将成为2010年的绚丽主题。

5. 从估值看大盘

目前，从市盈率的角度来看，市场正从一个相对低的位置回升到中间的位置。从PE的角度来看并不是很高，但并不是绝对的低位。如果从净资产倍数来看，这个地方处于不高也不低的位置，有可能会出现局部的高估或者局部的低估并存的局面，有的高有的低，平均来讲显现出来的是合理水平。这个PB相对高一点，PE相对PB就低一些。

从全球市场的情况来看，我们处在全球市场的高端位置，但中间有一些特别是B股市场还是处于全球市场的中间位置上。B股市场深圳、香港与A股市场相比有折让。第一个深圳成份指数、第二个推荐的是深圳成份B股指数、上海的B股市场。

2010年振荡上行概率大，“我的观点是，6124点需要淡薄，1664点需要勇气，3000点附近需要坚持。”李大霄表示这是他对市场的总体观点。他认为，2010年市场振荡上行的概率较大一些，但是它不会像2009年的上涨速度那样，从估值水平来看，市场的长期水平会降低一些，也就是会更合理一些，特别是高估的部分像创业板、中小板没有业绩支持的题材股，估值水平有一个慢慢回归的过程。在这个节点上我们不需要过于恐惧，全流通的进程将会催生出大小股东利益一致，长期价值开始涌现的证券市场。2010年全流通的过程基本完成，以后市值管理将是新的概念新的范畴。

另外，在全流通的过程里面，会催生很多股东行为的变化。全社会优质的资源有可能通过资产注入、资产重组模式收购兼并等等方式向上市公司集中。从资产重组的角度上也许会诞生很多机会。还有一点，市场规模是越来越大了，市场在这么大规模的情况下，结构性的机会就产生了。

总体来看，在1664点播下的种子不要在3000点抛掉，1664点播下的种子会给我们带来丰厚的收益，只不过需要一点时间发芽、长大、开花、结果，不要在它没有成熟的时候把它摘下来。

《新快报》记者　高菲　2010年1月17日

（原标题为《2010年振荡上行概率大　3000点附近需坚持》，略做删减）

最简单投资法：不折腾

对于李大霄这个名字，稍有炒股经验的人都有耳闻。作为个人投资者，他是深交所1号股东代码的持有者；作为机构分析师，他是“6124点需要淡泊，1664点需要勇气”的提出者。自从1992年接触股票市场，到如今的英大证券研究所所长、首席分析师，李大霄以自己对大市的精准判断和敢“讲真话”的勇气，成为股市中为数不多的偶像。

昨日，本报记者与身在深圳办公室的李大霄展开对话，从他本人的从业经历，聊到市场的变化发展；从证券行业的突破创新，聊到投资者的成熟转变；从中国股市20年的风雨颠簸，聊到未来展望……

20年后，中国股市将问鼎全球

记者：您对中国股市这20年最大的感悟是什么？

李大霄：这20年，是飞速发展的20年。从最初的几只股票到2000多只；从单一的市场到多层次的资本市场；从只能做多到双向交易；从不流通到全流通……它的发展速度堪称是全世界的奇迹。现在，无论是流通规模、投资人数、活跃程度、融资能力，中国股市在世界资本市场都名列前茅。相信再过20年，中国股市一定会问鼎全球。

记者：如何看待股民与市场的关系？

李大霄：社会应该尊重投资者。2000多家上市公司是因投资者的投资才得以生存发展。但市场中除了投资者，还有投机者，他们统称股民。但投资者往往在市场中走的更长远更稳健。

成熟投资者至少修炼 10 年

记者：怎样的投资理念才能决胜市场？

李大霄：投资者应该是贡献者，而不是赌徒。投资的过程就是修炼自己的人格、心态、修养、技术的过程。经过 20 年的修炼，中国已有一部分投资者从无知走向理智，从盲从走向冷静，他们不断学习知识、技术，市场也给了他们应有的回报。但大部分股民仍在摸索中前行，要想成为成熟的投资者，一般需要 10 年，至少要经过两到三轮的牛熊市循环。

2010 年，融冰之旅渐入佳境

记者：您从基层咨询员做到研发中心主任，再到首席分析师，对于 A 股市场的牛市大顶和熊市大底，几乎从未在重大点位判断上出现过判断错误。近年来中国乃至全世界的经济形势复杂多变。当今通胀压力不断增加，股市明年的走势如何？

李大霄：2009 年，是融冰之旅的启程；2010 年，需要坚持；2011 年，融冰之旅渐入佳境，总体走势震荡上行。1664 点百年难遇，它不仅是小牛市的开端，是市场跨入全流通时代的起点，更是中国股市成熟期的开端。市场中成功的投资方法千千万万，但我的思路相对简单，就是不折腾。

选股票就像选人一定要正直

记者：投资者如何能挑选到一家好的公司和股票呢？

李大霄：上市公司与投资者是互相博弈的关系，一些上市公司不是想为股东作贡献，而是想赚他们的钱。所以，投资者选公司其实就是在选人，选择正直的人、有能力的人。再有，就是在合适的时机出手。例如：中石油并非一个“坏人”，它在港股上市时只有 1.2 元多，但在 A 股上市时就不是好时机。

《沈阳晚报》　吕佳　2010 年 11 月 26 日（略有删减）

李大霄的执着与“钻石底”的尴尬

英大证券研究所所长李大霄是目前中国股市最着名的多头，他的“2132 点是 A 股‘钻石底’”的言论，早已为广大股民所熟知。

在 2012 年年初的几个月里，“钻石底”说为李大霄带来了美誉。彼时，上证指数从 2132 点开始上攻，相继占领 2200 点、2300 点、2400 点，大有化熊为牛的架势，李大霄的微博跟帖里也是叫好声一片。不料 5 月之后，A 股风云突变，跌跌不休，将此前的涨势化为乌有。眼下，上证指数距离 2132 点仅一步之遥。当此之际，批评乃至攻击“钻石底”说的言论此起彼伏。相比之下，力挺“钻石底”说的人寥寥无几，李大霄几乎陷入四面楚歌之中。

李大霄明确提出“钻石底”说是在 2012 年的 2 月 6 日，当日上证指数报收于 2331 点。对于“钻石底”说，李大霄给出了六大理由予以支持：其一，外围市场的情况较预期略好，市场有望走出恐慌；其二，房价、CPI 等去年政策调控的主要对象均已受控，此前过度紧缩的货币政策出现改善；其三，市场经过调整后的估值已与 1664 点时相近，投资价值突显；其四，“政策之手”将带来转机，包括汇金、社保等“国家队”的入市及近期研究的养老金入市等；其五，产业资本积极“抄底”，其增持规模连续两个月超过减持规模；六，此前唱空做空的外围资本近期大举买入中国股票 ETF，转向做多中国股市。

从逻辑推理上看，“钻石底”说确实很有道理，也能够自圆其说。但问题在于，中国股市是一个疾病丛生的市场，在很多时候，其涨跌完全没有正常的道理和逻辑可讲。垃圾股炒上云端，绩优股跌入地狱；一个暧昧不清的涉矿猜测，可以让主业非矿的公司股票连连涨停，而主业含矿的资源股却长期表现低迷；一个子虚乌有的负面传闻，可以让一个业绩向好的公司连连跌停，即便有澄清公告也依然难挽颓势；2010 年至今，中国经济增长领跑世界，但股市表现却在全球主要资本市场垫底……凡此种种，在教训了 A 股广大投资人的同时，也让越来越多的 A 股评论人士变得油滑起来。而李大霄的“钻石底”说，逻辑如此清晰，立场如此坚定，且以股市是经济晴雨表和价值投资为理论基石，自然要在现实中碰壁。

“市场永远是对的”，这话没错。但市场的内在品质，毕竟有高下优劣之分。一个优质的股市，与健康的投资理念互为因果；一个劣质的股市，则对应着刀口舔血、互为鱼肉的投机潮与博傻热。中国股市就属于后者。

在中国股市中，做一个故弄玄虚的股评家是聪明老道的，做一个四处打听内幕消息的散户是情有可原的，做一个随时准备“多翻空”或者“空翻多”的机构是无可厚非的。而李大霄偏偏不识时务，执着地以专业股评家的身份，耐心给广大投资人摆事实，讲道理，并旗帜鲜明地亮出自己的底牌，的确傻得另类。以至于在股吧或者微博上，任何一个籍籍无名的网民都可以肆无忌惮地嘲笑李大霄，并向这位有“英大证券研究所所长”头衔的知名人士狂扔砖头。

在我写这篇文章的时候，A 股依旧低迷，李大霄依旧执着坚守“钻石底”说。也许机缘真的不作美，上证指数来日偏偏要跌破 2132 点，从而让李大霄的“钻石底”变成股民所调侃的“暂时底”。如果是这样，那不仅是李大霄个人的失败，也是中国股市的再一次沦陷。

从某种意义上看，李大霄就像堂吉诃德，他以价值投资理念为剑，在四面楚歌中应战且呼号，只因他相信中国股市会好起来而不是无药可救。就凭这一点，我愿意给李大霄鼓掌。

《证券时报》　孙勇　2012 年 07 月 21 日

是与非

7 月 24 日上午，股市开盘就跌破 2132 点，微博上顿时炸开了锅——“钻石底”破了！当时，坚守“钻石底”判断已经五个月的英大证券研究所所长李大霄正在开会，旋即便接到了几家媒体的采访电话。

7 月 26 日市场再次踏破 2132 点，质疑、否定乃至恐吓，各种声音传来，“这是我十几年来压力最大的一次。”在牛市顶部逆势唱过空，在熊市一潭死水时做过死多头，入行 20 余年，有深交所“1”号股东账户代码的李大霄并非第一次抛出极富争议的言论，而这一次的炮轰火力却是他始料未及。有人指出他两年来预测连连犯错却“屡教不改”，有声音质疑其炒作博出位，甚至是帮庄家害散户。

谦和却较真，认识多年的朋友如是评价他看似矛盾的性格，甚至劝他要学会圆滑和弹性。但李大霄却以“不”回应，决不投降。

错的李大霄?

“在事实面前，投资者和媒体显然开始‘审判’李大霄”——2132 点告破后，大量股市报道聚焦李大霄和“钻石底”，一篇文章如是写道。

26 日晚，中国证券报记者拨通李大霄电话时，他仍然在办公室加班统计数据，“除了多接几个电话，其他都跟平常一样，照样很忙”。但他坦陈，这是十余年研究生涯中最难熬的时光。

提出“钻石底”始于今年1月6日，大盘一路羸弱跌至2132点。2月6日，向来爱形象比喻股市的李大霄提出他的新观点，“以2132点为节点，优质股票进入了投资区域，显示出钻石般的投资价值”。

此后，他多次在公开场合和微博上提出大量数据和案例来佐证自己的观点，每当市场波动时，他都会不厌其烦地说，“震荡不足虑，还是钻石底”，甚至在投资者提出尖锐质疑时回应“钻石底亮晶晶”。

事实上，李大霄当“死多头”并非是今年的新鲜事。自1664点市场反转，他在2009年初看多股市以来，就一直坚持市场正在进行的是一场融冰之旅。

2009年秋季，市场拉开3000点保卫战。多空激烈交锋之中，李大霄高喊“3000点需要坚持”、“3000点只是地平线”。随后的几个月，任凭市场起落，他都未曾松口，并在2010年底再次抛出“2011年融冰之旅将渐入佳境”的判断，而2011年的市场却以单边下跌回应了这位“老市场”孤独的呼声。

屈指算来，加上2012年的“钻石底”，李大霄在自己“融冰之旅”的逻辑里已经坚持3年，期间质疑声不断，否定声不断，直至本周达到高潮。

“市场是检验真理的唯一标准，理性的分析师应该尊重市场，发现自己的缺点，正视缺点，哪怕否认自己。最近两三年来，他一直在与市场搏斗试图看多，为什么不能正视自己的错误?”一位不愿具名的分析师指出，“强调预测顶底是大忌，太过注重一个点位的判断难道不是哗众取宠?”

更多的指责来自股民，有的投资者在年初认同了2132点是钻石底的说法，却在上半年满盘皆输，“不负责任的言论是在害人。”还有人在微博上提出质疑，看多是在“尽力帮庄家骗散户持有”，“李大霄应该道歉”。

对的李大霄

“李大霄这么坚持，就是因为对的次数多了，才会越来越胆大，越说越确定，最后成为这次炮轰的焦点”，对于“钻石底”引发的舆论风暴，一位资深投资者如是评价。

不可否认的是，李大霄曾经对过，甚至被一些媒体称为“预言顶底从未看走眼”。在这些经历中，最准确也闹得动静最大的一次是2007年疯狂的牛市转折点。

当年的11月23日，上证综指创下6124点的历史大顶刚一个月有余，市场沉浸在赚钱美梦中，散户依然疯狂地排队抢购基金，李大霄在《中国证券报》刊发署名长文《A股长期估值的顶部可能已经形成》，用16条理由论证判断“市场在6124点平均市盈率70倍，深市平均市盈率73倍，两市市净率达到6.82倍的高位，继续推升市场估值的动力已经不足，A股长期估值的顶部有可能已经形成”。

文章刊发半年后他离开了原来工作的东莞证券和生活了近20年的城市。虽然李大霄至今都拒绝透露原委，但他承认“往往说人家不爱听的话，是要付出代价的，面临巨大压力”。市场普遍猜测，在券商工作却大肆唱空，“犯忌”是他最终离开的原因之一。

直到2009年2月2日，市场在2000点上下徘徊，李大霄在《中国证券报》刊发《A股市场融冰之旅已经启程》，认为1664点后“A股市场稳定的基础已经形成”。

现在被贴上“死多头”标签的李大霄曾经也是“死空头”。2000年末，他在一次公开研讨会上预测科技股泡沫的破灭，建议投资者“摘荔枝”。当时证券公司风雨飘摇，过半公司面临关门倒闭的危险，他却一路从2001年唱空，挨骂死扛到2005年。

由此可见，李大霄的倔由来已久。

傻得另类

但对于这样的李大霄，哪怕是在他看对市场之时，也有朋友曾苦口婆心地劝过。

“支持李所长”，同为市场中人，瑞丰拓展投资总监肖熊文给中国证券报记者发来短信，他评价认识多年的李大霄“谦和，没有架子，很低调，不喜欢针锋相对”。但遇到观点不同时却当仁不让，极难改变。“我跟他探讨过，作为分析师，分析加上背景、有弹性，表述更圆滑或许更好，不要太过绝对，何况树大招风。”

在东莞证券一家营业部做投研分析的李照发则评价十几年前的老同事，“较真还喜欢到处去说，希望能帮到别人。这几年我一直担心他会错，建议他要跟着市场变化修正观点，但他没有这么做。”

在李照发看来，经过“钻石底”的风波，李大霄成为多头的标杆和空头反驳的对象。“我在营业部工作，深深地感觉到现在的市场分析股票压力太大，话说得太死，人身安全都会受到威胁。我劝过他好几次，他又不是会跟人吵架的人，真的没必要，打份工而已。但他总反驳我模棱两可不如不说，错了他认。”

随着“钻石底”的告破，在指责甚至谩骂声中，一位媒体人士评论道：在中国股市中，做一个故弄玄虚的股评家是聪明老到的，做一个四处打听内幕消息的散户是情有可原的，做一个随时准备“多翻空”或者“空翻多”的机构是无可厚非的。而李大霄偏偏不识时务，执著地以专业股评家的身份，耐心给广大投资人摆事实，讲道理，并旗帜鲜明地亮出自己的底牌，的确傻得另类。

“我可以告诉你，十年内中国股市下至千点，上至万点，任你折腾都逃不出如来佛的掌心。这种预测有意义吗？”一位资深市场人士评价他时连连摆手，“他就是傻，如果靠这个博出位、博出名是傻得可爱”。

在东莞，一位有 20 年投资经验的老投资者十几年前就曾与其认识，李大霄离开东莞后多年未曾联系，24 日在电视上听到了市场对李大霄的议论，便通过朋友辗转联系上这位故人。

“听我说 2312 点很可能要破，李大霄不说话，但是我知道他不同意我的看法。”这位大姐在接受中国证券报记者采访时再三提到，“但是我为什么要给他打这个电话？股评家要坚持自己的理念，我们散户不需要随风摇摆的分析。”

决不投降

但不论是傻、是倔还是另有所图，挨骂后的李大霄并没有准备妥协，他依然坚信现在只是黎明前最后的黑暗。

对于人身攻击，李大霄表示不争辩。但面对“黑嘴”和“博出名”的评价，一直言语缓慢的李大霄则急忙反驳，“不不不不，我之前已经有辉煌的历史，你还能找出在 1664 点看多，在 6000 点看空的案例吗？可能很难吧，我不用博出位、当黑嘴。”

对于他人善意的提醒，他停顿片刻后也拒绝接受，“何苦浪费别人的时间，这么多年我就是这个原则，记者采访时间再短也要给个结论，绝不模棱两可，我认为这是股市分析师的价值”。

一个人不可能永远正确，李大霄承认确实在 3000 点看多，但判断正确与否要看预测的周期，自己研判的周期很长。“只是很惋惜自己的能力有限，没帮到一些投资者。”面对对错之争，李大霄说自己“难熬”，但“决不投降，如果轻易被击倒，那就不是我”。

李大霄反复强调，“钻石底”应该是一个区域而非简单的一个数字，他坚持的是一直以来连贯的市场判断，“买进点位是 1664 点的成长股，不应该在 3000 点卖掉，更不应该现在卖掉。我不是短期操作者，我追求的是低位挑选好公司与它慢慢成长”。

“市场是彻彻底底破了‘钻石底’。”对于李大霄的坚持，老友李照发却难以认同，他表示这几天甚至不好意思和他联系。他指出李大霄是非常典型的关注估值及基本面的分析师，而市盈率是相对变量，经济下滑之时参照历史估值需要顾及市场资金供求和技术走势。

“觉得挨骂挨得冤吗?”听完李大霄的坚持记者问道。

“不冤，既然要做这个工作就要承担谩骂和不理解，十几年了就是这样过来的，要不就像很多人一样上下皆可，或者低位唱空、高位唱多，虽然日子过得很容易，但并没有价值。”他说道。

《中国证券报》　蔡宗琦　2012 年 07 月 28 日

原标题为《是非李大霄》

真实的牛市已经开启

12月14日，一直在质疑和谩骂中煎熬的“钻石底”2132点的提出者李大霄终见曙光，一根大阳线击破了此前看似难以逾越的2100点，甚至还上攻到了2132点的上方。当天，李大霄的短信铃声不断响起，一些来自朋友和投资者的问候和祝贺不断传来。“谢谢您！我们跟上了节奏”……昨日接受本报记者专访时，李大霄称5年熊市已经终结，牛市重新开启。这位饱受争议的股评家的新预言能否成真，相信股民们不会忘记“自行验货”。

在众多券商研究所所长中，李大霄十分另类。他随时通过微博发表自己观点，乐于观点鲜明地预测点位高低，喜欢和小散打成一片，在功利味道十足的证券圈子里实属难得。不过，尽管李大霄微博粉丝近20万，博客点击过千万，却总与一些像新财富最佳分析师之类的“行业奥斯卡”大奖无缘。

尽管多次因在圈里“敢言”遭受质疑，甚至恐吓，昨天接受本报记者专访时李大霄仍然直言，“熊市已在1949点结束，真实的牛市已经开启”。

■“粉丝”为李大霄把电视砸了

12月14日，上周五，沪指放量涨4.32%，创三年来单日最大涨幅，收盘报2150.63点。这一天，李大霄的微博上没有任何胜利的

"表示"，对此，李大霄告诉记者："当天，我正在外面开会，还未来得及庆贺"，他停顿了一下，又说："这其实是意料中的事，现在已经不需要我发出任何声音，接下来该轮到其他人表演了。"

不过，李大霄的粉丝并没有如此镇静。从 14 日开始，李大霄的手机短信和电话从未停止，祝贺和道歉的声音不断传来。15 日，李大霄受邀参加《股市动态分析》年度投资报告会，粉丝们纷纷慕名赶来，一位 40 多岁的深圳股民握着李大霄的手表示感谢，"我对您的观点一直特别认同，在别人悲观的时候，我不仅没有轻仓，还大举加仓，现在账户盈利不少"，"我一直支持您，有一次，有个分析师在电视上攻击您，我一气之下把电视给砸了"。

大盘跌破 2000 点之后，曾一度创出 1949.46 点新低，悲观气氛盛行，甚至有人看到了 1000 点。2132 钻石底跌破后，一直在质疑和谩骂声中煎熬的李大霄仍然坚定看多，在大盘创出新低的第三天，即在微博中坚称，"1949 中国股市苦尽甘来"。

此后，大盘一路高歌，其间虽有短暂调整，但最终重归"钻石底"。

■股市不是"反弹"是"反转"

听到投资者的认同，李大霄十分欣慰，"我的坚持还是对股民发挥了正面作用"。

对于此轮强劲反弹，李大霄坚信，目前的股市上涨，不是"反弹"而是"反转"，熊市已经在 1949 点结束，真实的牛市已经启动。

"蓝筹股的估值见底是市场见底的标志之一，也是市场上行的重要因素之一。高估的股票及绩差股也许还会下跌，但优质蓝筹股早已调整到位。不断出台的利好因素渐渐积聚促使市场转折，事实上优质蓝筹股早已领先大盘，从 11 月 6 日就开始恢复性上涨。"

"经过五年熊市，1949 点成为阶段底部，优质蓝筹股早已提前进入了春天。"李大霄坚定地说。一位股民在李大霄的微博上如此打趣，

“这几天的李大霄所长一定是春风得意，估摸睡觉时都能挂着微笑。”

■与风车作战的堂吉诃德？

2000 点附近的拉锯，不仅击垮了投资者的信心，也消磨掉了机构们的斗志。翻看机构报告，除了悲观，还是悲观，有机构甚至看到了 1600 点。“钻石底” 2132 点在机构的眼中显得十分可笑。此时，李大霄面对的外界压力也越来越大。孤独唱多的李大霄更像是与风车作战的堂吉诃德。

10 月中下旬，李大霄参加了招商证券香港公司的投资者见面会，除了主持人招商证券资产管理公司总经理罗锦明之外，没有人赞同李大霄的观点，投资者也在现场纷纷质疑李大霄。

“当时很多投资者对 A 股市场十分悲观，但我并不这么看，我支持李大霄的观点，从香港市场来看 A 股市场，我们会发现，A 股的蓝筹比港股还要便宜，而且 QFII 和 RQFII 还在纷纷买进。”罗锦明告诉记者。

“今年的 A 股市场和去年的港股市场非常相似，一片悲观，95% 的人都在看空，包括券商策略报告都是如此，私募和公募基金的仓位都很低”，罗锦明说。

李大霄和罗锦明在对 A 股市场的判断上“英雄相惜”，“我们平时沟通比较多”，罗锦明认为，A 股市场正在逐步向成熟市场靠拢。这也是李大霄认为蓝筹股必将价值回归的基础。但罗锦明并不知道，在他力排众议给予支持的时候，给了当时“孤掌难鸣”的李大霄多大的温暖和鼓励。

李大霄提到罗锦明这个“患难兄弟”的时候，十分感激，“那次会上，所有人都在批评我的观点，只有他一直在支持我”。

此时，李大霄也对自己的观点越来越坚定。“从外界来说，压力越来越大，毕竟大盘越是下跌，‘钻石底’错误的概率就越大”，“但我内心却越来越坚信，底部越来越近”，李大霄静待 A 股市场的曙光。

■遭券商同行“白眼”

入行 20 多年，拥有深交所“1”号股东账户代码的李大霄每天工作时间从早上 6 点到晚上 11 点，“1997 年进入证券公司工作，多年来一直没有休假习惯”。

多年沉浮股市，李大霄在证券圈子里似乎以唱反调著称。2007 年 8 月末，当全中国几乎都陷入股市疯狂的时候，李大霄却发出“另类声音”，指出在目前高位运行下存在隐忧，宏观调控对市场必然产生影响。当时，很多同行都用异样的眼光看李大霄，“断了自己的财路不说，还让自己所在的机构尴尬”，“脑子灌水了?”

同年 11 月中下旬，李大霄在《中国证券报》刊发署名长文《A 股长期估值的顶部可能已经形成》，用 16 条理由论证判断市场可能进入下降通道。因为这篇文章比较长，差不多要一个版，李大霄还托了朋友，才在《中国证券报》上刊发出来。

然而，“另类声音”却让其付出沉重代价，文章刊发半年后，李大霄离开了当时工作的东莞证券和生活了近 20 年的城市。对此，李大霄拒绝透露离职原因，他仅表示，原因很多，“我主动选择离职”。在券商工作却大肆唱空实属“大忌”。当然，股市后来的发展也让李大霄因此而声名鹊起。李大霄十几年前的老同事李照发说：“李大霄较真还喜欢到处去说，希望能帮到别人。这几年我一直担心他会错，建议他要跟着市场变化修正观点，但他没有这么做”，“我在营业部工作，深深地感觉到现在的市场分析股票压力太大，话说得太死，人身安全都会受到威胁。我劝过他好几次，他又不是会跟人吵架的人，真的没必要，打份工而已。”

■坚守“钻石底”熬过“最艰难”时光

每一次，预测对了，李大霄都非常有成就感，不过，“钻石底”告破确实让李大霄走到了人生的最低谷。

今年1月6日，大盘一路跌至2132点。2月6日，李大霄提出，以2132点为节点，优质股票进入了投资区域，显示出钻石般的投资价值。每每遇到市场波动时，他都坚定地说，“震荡不足虑，还是钻石底”，甚至在投资者提出尖锐质疑时回应“钻石底亮晶晶”。

7月26日市场踏破2132点，此时的李大霄已坚守“钻石底”5个月。被熊市煎熬了太久的股民太需要发泄，质疑、否定乃至恐吓，各种声音传来，“这是我十几年来压力最大的一次。”其实在李大霄的一路坚持中，其间一直充斥着质疑声和否定声，但都没这一次来得凶猛。甚至有人攻击李大霄的人品，“如果靠这个搏出位、搏出名是傻得可爱”，一位资深市场人士说。

“在事实面前，投资者和媒体显然开始‘审判’李大霄”，2132点告破后，大量媒体报道李大霄和“钻石底”，一篇文章如是写道。

除了媒体，更多的是来自股民的指责，有些投资者因为坚信李大霄的“2132点是钻石底”的观点，并按其操作，却在今年上半年赔得底掉，这些股民在网上纷纷质疑李大霄，“不负责任的言论是在害人”，“帮庄家骗散户持有”，“李大霄应该道歉”。

“这是我人生中最艰难的时光，以往我坚持自己的判断，都在很短的时间得到验证，尽管也曾被人质疑和谩骂，但很快就过去了，这一次不同，行情经常反复，抨击我的人也有证明自己对的机会”，李大霄坦陈。

“其实，我提出‘钻石底’的观点，是想告诉广大股民，在这个底部区域，机会大于风险，尽管因此我遭受到了如此多的质疑，甚至谩骂和恐吓，但我相信我所做出的努力以后会对大家有所帮助，也正因为这一点，我才扛了过来。”李大霄说。

以语言风格犀利出名的财经评论家叶檀对李大霄如此评价，“每个投资者都会背诵‘在被人恐惧时贪婪，在被人贪婪时恐惧’，但什么时候到了该贪婪的时候，是在4000点，还是跌到3000点时贪婪，各花入各眼。因此，尽管李大霄在证券市场有着良好的声誉，人们依然将信将疑，因为人性在任何时候都是贪婪与恐惧并存”。

《北京青年报》　2012年12月17日

证券市场上的一个异类

2009年4月11日，李大霄开始在英大证券工作，这个拥有1号股东代码的分析师，见证了中国资本市场的建设发展，提出了很多备受关注的策略观点：

- 2000年中期提出“摘荔枝”
- 2005年中期提出“播种”
- 2006年提出不拔“青苗”
- 2007年提出摘“熟苹果”
- 2008年提出“保护胜利果实”
- 2009年提出股票带来希望
- 2012年先后提出“校花理论”、“黄金底”及“钻石底”

6124点，他唱空。

1849点，他看多。

孤独，难受，决不投降。

李大霄抱定赤子心，我不下地狱谁下地狱。

违背大众情绪的人，就得承受被大众痛打的压力。但市场需要这么一个人，绝望的时候唱凯歌，狂热的时候浇冷水，李大霄觉得，这个人就是他自己。

在一年又一年满天飞的“最佳分析师”榜单上，你或许没看到他的名字。

但在一个又一个熊市、牛市交替的岔口上，你总会听到他呐喊的声音。

红黑两端，是非之间，无论即将到来的是谩骂板砖，还是赞美感恩，他对市场的判断一直烙印鲜明：绝对不打擦边球。

他是李大霄，证券市场上的一个异类。

又一次身陷舆论漩涡，又一次坐在记者对面，他开口说，“我在1849点看多受到的压力，已经超过了在6124点看空的时候”。

透过深圳华能大厦31楼的玻璃，李大霄的疲惫和坚持，写在脸上。

讲真话　顶底皆敢断

“幻想抓住顶部或者底部的人，不是自大狂就是疯子。”广泛流传于华尔街的名言，在李大霄身上，好像并不适用。

性格温和、讲话慢条斯理、观点尖锐鲜明，算是李大霄身上最“冲突”的特点了。

2007年，沪指6124点，“万点不是梦”呼声四起，时任东莞证券首席分析师的李大霄向市场猛泼冷水。

“领导不同意我的观点，同事认为我太悲观，客户当然更不喜欢看到我的言辞。亲朋好友都劝我，为什么不随大流。但我的判断就是这样，A股市场长期估值顶部已经形成，牛市已经结束，我必须把我的发现和观点大声说出来。”

就这样，李大霄失去了工作，承受着巨大的压力、非议和排斥。

2008年，沪指1664点，“千点论”甚嚣尘上，李大霄又变成了孤独的看多者，接连抛出“6124点卖出需要淡泊，1664点买入需要勇气；A股市场稳定的基础已经形成”等观点。

等待他的，是并不陌生的怀疑、不屑甚至谩骂，到了2009年，还有被轧空者不服的反讽。但此时的李大霄，已默默夯出自己的话语权。

看对了大顶和大底，李大霄没有独门暗器，秘诀在于难能可贵地坚持常识，敢于讲真话，不被贪婪、恐惧或者利益所绑架。

“2007 年最疯狂的时候，A 股整体板块市盈率达到 70 倍，显然不可持续，却被当时的主流机构视而不见，李大霄的冷静和勇于讲真话显得难能可贵。”深圳某资深私募人士这样评价李大霄。

估值，是李大霄一直坚持的判断逻辑之一，它极为重要却常被忽视——在 6124 点时唱空，是因为那时的一块钱的股票，要花十几块甚至几十块钱买，买的是“棉花”；而 1664 点时，一块钱的股票花几毛钱去买，买的是“压缩饼干”。

李大霄说，经济学家中，最佩服吴敬琏和许小年，因为“他们讲真话”。

“说真话不易，且听者不悦，但假话易说但听者无益，对人有用之时我才感到生命有一丝价值。”

借第一本文集《超越人性》的自序，李大霄又一次直抒胸臆。

不投降　是非皆英雄

在李大霄获得的奖项中，他最看重的一个，是“最具独立客观分析师”奖。也就因为“最独立”，迎接他的，是更多争议。

2012 年，沪指跌破 2132 点，频频用“钻石底”、“校花底”、“横跨五年的大底”刷屏的李大霄，直面口诛笔伐。

说他“黑嘴”者众，要他道歉者众。某位曾与他走得很近的媒体人公开批评：李大霄反复喊小牛市、“钻石底”，我以为他的逻辑存在明显缺陷，一错再错，不肯认错，已是人品问题。

可面对媒体，李大霄说：我决不投降。

2013 年，沪指探底 1849 点，“我看多受到的压力，已经超过了在 6124 点看空的时候”。从长达 20 年的跨度看，李大霄对大行情的判断值得称道，但在资本市场，人们往往只记得你最近的表现。

如今，换了新东家，现任英大证券研究所所长，李大霄最常说的一句话还是：“树木是长不到月球上去的。”

头顶“亚洲最赚钱”光环的中石油，一度成为李大霄诠释这句话的范本。

上市首日股价最高48.62元，市场一片沸腾。李大霄直白地说，中石油回馈的是香港股民，按照这一价格，最快的红利回报也要50年，正常的在80年到100年，买入风险太大。

到了2013年5月，李大霄却说：过高的价格买创业板，不如48元买中石油。市场一片哗然。

“树木是长不到月球上的”，他解释：“我当年见过50倍市盈率的深发展，高估值并不是因为高成长，而是因为当时银行股稀缺性引起的，现在银行股的估值十倍不到。创业板目前的高估值也是因为新股发行暂停所引起的，创业板的成长性不足以支撑50倍，甚至上百倍的市盈率。”

李大霄认定，随着新股发行开启，创业板的整体高估值一定回归。

“在大家狂热追逐股票的时候，我有责任去提示风险；在大众悲观绝望的时候，我有责任站出来告知大家市场机会。”

市场需要这么一个人，绝望的时候唱凯歌，狂热的时候浇冷水，李大霄觉得，这个人就是他自己。

做好人　俯仰皆无愧

女儿刚上大学，李大霄是个在乎自己尊严的父亲，也是极度爱惜羽毛的人，但他做不到明哲自保。

“违背大众情绪的人，一定要承受被大众痛打的压力。但市场究竟是贵还是便宜，总得有一个人说。”

我不下地狱谁下地狱，李大霄的这种思想，很大程度源于父亲的影响。

今年4月，李大霄的父亲离世，在纪念悼词中，李大霄回忆：父亲毕业后到山西设计院工作，后到山西省水文地质勘探公司工作。每天徒步数十公里为当地居民找水，后主动请辞将工作机会让给后辈，携全家老小返回广东省阳春县老家。他当过建筑工程师，一辈子助人为乐，帮助无数人建房子；也当过玉雕厂的副厂长，在上世纪70年代赴敦煌临摹佛像，广东省阳春市多家寺庙中至今仍供奉着父亲雕塑的佛像。幼年的李大霄也曾跟随父亲到各处寺庙安放佛像。

谈到父亲患病治疗期间自己得到的帮助，李大霄止不住眼泪，觉得这已经是最大的肯定。

“上次在成都的一个投资报告会上，有一个老人送了我一串佛珠。虽然我分不出名贵不名贵，但是我感受到了沉甸甸的情谊。”

这么多年，说了这么多的话，褒贬都不重要，只要有人能听到，能有用。李大霄说自己已经尽力，问心无愧。

投资是一场心态的修炼，人性的贪婪和恐惧被表现得淋漓尽致。市场永远存在多空阵营，只不过在6124点因为恐惧踏空而喜欢选择多方，1664点恐惧套牢而喜欢选择空方而已，但听者往往喜欢把责任推给发声者，而不是自己的耳朵。

不少人说，投资者只有经历了亏钱，才能真正走向成熟。“从良知来讲，‘大校’绝对是国内证券界第一人。但毫无疑问，‘大校’在破坏丛林法则，就像拍摄非洲大草原的摄影师，不能救狮子口下的羚羊。”一位网友微博留言写道。

“我很喜欢巴菲特，不是因为他赚了很多的钱，而是因为他是全世界最正直的人。他从来不听多数人在说些什么，总是坚持自己的观点。我想，这是因为巴菲特的‘正直’，才使他成为全世界在股票市场赚了最多钱的人。如果巴菲特没有去炒股，他恐怕是一个全社会都无法接受的过于‘正直’的人，他可能连个普通的工作都找不到。”

“在社会中，如果对社会有益，就是有用之人；如果有损于社会，则是坏人；既无益又无损，则是无用之人。以此为鉴，虽然市场风云变幻，但是一直以来我力求观点清晰。”

“一个寓言：人的心中有两只猛兽，一头善，一头恶，谁会胜？就看常喂养那只”……

做正直的人，做善良的人，做有用的人。20 年是非黑白，历经两轮牛熊，今天的李大霄依旧怀抱一颗赤子心，或许这才是对一切最好的回应方式。

■精彩观点

“在现实社会中，与众不同坚持自我观点的人往往会非常痛苦，处境会非常艰难，就算日后证明是正确的也得不到任何好处，而股市却会给坚持与众不同的正确观点者应有的回报，这就是我喜欢证券市场的根本原因。”

“以过高的价格买创业板股票不如 48 块钱买中石油，当一个板块达到 50 倍是什么概念？就像当时 6000 点的时候，一个市场去到 70 倍，那要崩溃的。不要迷信高成长，树木是长不到月球上的。”

“不冤，既然要做这个工作就要承担被谩骂和不理解，十几年了就是这样过来的，要不就像很多人一样上下皆可，或者低位唱空、高位唱多，虽然日子过得很容易，但并没有价值。”

“即使预测错了也不可耻，因为我整个的体系是连贯的，是完整的，不是我认错了，我就抛弃我的价值体系了，我认为是对的概率远大于错的概率，我认为我是会对的，总有一天会对的。”

“千万不要利用人的弱点去赚钱，人性有很多弱点，比如说有追求美色、追求金钱，或者被某一种东西吸引，你千万不要利用人的弱点去赚钱，这个钱来得是不好的。我从来不推荐酒类、博彩类的股票。”

“我的东西水平不高，但我觉得有用，我的东西比较简单，我会用更简单的方法表述出来，让我的受众能够理解，这是我的一个评价。”

“在股市很多人喜欢讲涨，股民也喜欢听涨。我的价值就是能够给人提供帮助，而不是模糊过日子，这样才觉得生命没有白白浪费。今后不会放弃原则，一名分析师对自己要有人格的要求，不能随波逐流。”

“不是为了证明自己的正确，也不是为了吸引眼球，也不是为了永远看多或者永远看空的概念，而是要干的工作是对他人有用的，这是我的追求。”

《上海证券报》　屈红燕　2013 年 10 月 09 日

原标题为《红黑李大霄：证券市场上的一个异类》

A股大时代来临　别和中国股市作对

当年梁启超写李鸿章传，开篇便说，“天下惟庸人无咎无誉。举天下人而恶之，斯可谓非常之奸雄矣乎。举天下人而誉之，斯可谓非常之豪杰矣乎。虽然，天下人云者，常人居其千百，而非常人不得其一，以常人而论非常人，乌见其可？故誉满天下，未必不为乡愿；谤满天下，未必不为伟人。”对于中国股市来说，李大霄正是这样一位“誉满天下、谤满天下”的人物。

自2012年提出“钻石底”的论调以来，从来没有一个证券分析师像他这样充满如此之多的争议，引起无数的非议、谩骂和攻击。他自己也不无委屈地表示：“涨了都没我什么事，跌了却都是李大霄的错。”

委屈也罢，自嘲也罢，7月份以来A股冠绝全球的大涨，终于让他长舒了一口气。10月29日，沪指在前一日大涨2.07%的基础上再度大涨1.5%，当日中午，李大霄发了一条微博：“致空方一封信：A股强大的生命力远没发挥。”

10月30日晚，在接受网易财经专访时，李大霄再次致意空头：A股大时代来临，空头不要和中国股市作对。

10月31日，沪指大涨1.22%站上2400点，创出20个月新高，月线六连阳。

A股大时代来临　空头不懂政治

三季度，沪指大涨15.4%，涨幅创5年之最，领涨全球。进入10

月份以来，一度陷入连续十几天的调整，就在很多人认为反弹结束时，却以连续的报复性的大涨直上2400点。

李大霄表示，中国经济在全球独占鳌头，中国也将取代美国成为全球第一大经济体。中国股市拥有光明的未来，A股大时代来临。“未来是中国的时代，也是中国股市的时代！”

在大时代的背景下，A股也在发生变化，股市正迈向开放，迈向成熟，从摇篮期开始长大，太过不成熟的情况会得到纠正。过去的炒作逻辑将会发生变化，过去“以盘子论英雄、以题材论英雄、以垃圾股论英雄、以新旧论英雄、以庄家决定股市投资”的情况将发生彻底变化，市场将逐渐“以业绩论英雄、以股息分红论英雄、以对社会的进步贡献论英雄”，市场从虚幻变成本质、从表面变成实际、从封闭变开放，从单向变双向、从不成熟到成熟、从不规范到规范、从人治到法治、从投机到投资。“这是一个时代的变化！不适应这种变化的人，将被市场淘汰。”

而在这样的背景下，李大霄认为空头犯了方向性的、根本性的、原则性的错误。“空头不懂政治。”

在改革的大背景下，政策支持股市上涨，这是决定性的。

在李大霄看来，中国股市依然处于政策市向市场市转变的阶段，和经济一样处于转型时代。完全按照政策市去判断不准确，完全按照市场市去判断也不准确。

牛市从1664点开始

在采访中，李大霄坚定地表示，现在就是牛市，“钻石底”非常坚固。但和绝大多数人认为过去7年A股处于熊市不同，李大霄认为，A股从2008年1664点开始，就已经牛市。从大的角度来看，1664点是牛市的起点，“钻石底”是一个回调。

这样的论点显然无法得到绝大多数人的认同。即便现在股市已经涨到2400点，远离“钻石底”。

李大霄的逻辑很简单，1664点一直未破，包括去年6月的大跌，都未跌破1664点，从时间调整来看，调整很长，但从调整幅度来看，未跌破1664点，“这是个简单的数学题。”

李大霄认为，很多股票，在1664点就已见底，比如民生银行股价，1664点时是两块左右，钻石底时是4块左右，现在则是6块左右。

“很多人不理解我的方法，”李大霄称，“我的观点就是从1664点买了好股票不动摇”。

对于去年以来一直独领风骚持续上涨的股票，李大霄也一以贯之，继续唱空。

李大霄曾提出一个著名的观点：“买高估值的创业板股票，不如48块钱买中石油。”现在他依然坚持这个观点。他认为，买卖高估值的股票，一定会有人最后接盘，付出代价。所以低风险能力承受者要远离创业板。

A股真实牛市到来

市场上一直认为李大霄是死多头，但他自己并不同意。他称自己也曾是著名的唱空派。2007年，沪指6124点时，“万点不是梦”呼声四起，他就是坚定的唱空派。而中石油上市后，他也表示，中石油至少50年才能回本。

从唱空派转变为唱多派，背后则是他对中国股市转型的认识，对股票低估值青睐的坚定不移。

而具体到今年，李大霄认为，支持股票走强的原因很多，包括各项利好政策的出台、经济现企稳迹象、利率水平的下降、股市供求关系的好转，

今年6月份，李大霄曾列出六大理由，认为A股真实牛市已经到来。7月份，沪指大涨7.48%，掀开了这一波轰轰烈烈上涨的序幕。

他列出的六条理由如下：1. 真实利率水平大幅下降；2. 蓝筹股的估值已经到达历史低点，上证50的PE7.43%，PB1.3，股息率已经超4%；3. 以蓝筹为代表的产业资本的融资行为已经转向增持；4. IPO数量大幅减少并平稳着陆后冲击减轻；5. 积极的股市政策渐渐发力；6. 大幅扩大外资规模有效改变供求关系。

他认为，利率水平的下降是起决定性作用的。

唱多与无畏布施

在采访中，李大霄提到了一个很有意思的词，“无畏布施”。

这是佛经中的一个名词，意指在众生身心不安、恐惧、害怕的时候，能够帮助他，消除他的恐惧。

李大霄表示，市场上大多数人并没有观点，只会跟随潮流，别人看空他也看空。6000点唱一万点，1664点唱1000点。在悲观绝望的时候，需要有人站出来，为市场呐喊。李大霄称，在微博上，有人曾向他表示感激，对方称他“一只脚已经跨出天台，就是看了你的微博，才把脚收回来”。李大霄称，他觉得很安慰，能够真正帮到人。能在很多人绝望的时候，给与别人信心，虽然自己得不到好处，但也是很好的功德。他认为这就是“无畏布施”。

当然这不只是为了安慰而唱多，而且是因为“‘钻石底’卖股票不理智，因为这个时候股票是最便宜的”。

而他给散户的建议，则也是简单的，看起来有些迂阔的三字经：“做好人，买好股，得好报”。

“我很喜欢巴菲特，不是因为他赚了很多的钱，而是因为他是全世界最正直的人。他从来不听多数人在说些什么，总是坚持自己的观点。我想，这是因为巴菲特的‘正直’，才使他成为全世界在股票市场赚了最多钱的人。如果巴菲特没有去炒股，他恐怕是一个全社会都无法接受的过于‘正直’的人，他可能连个普通的工作都找不到。”在此前的采访中，李大霄如是说。

在李大霄发出“涨了都没我什么事，跌了却都是李大霄的错”这条微博后，有网友对李大霄表示：“行道不求无魔。”这句话的全文是：究心不求无障，心无障则所学躐等，行道不求无魔，道无魔则誓愿不坚。李大霄回复：谢谢高人指点。

误读和被误读

2008 年 10 月 17 日，巴菲特在《纽约时报》上发表署名文章说，20 世纪美国经历了两次世界大战、代价高昂的军事冲突、经济大萧条，发生了 10 多次经济衰退和金融海啸、石油危机、流行疾病等，结果怎么样呢？道·琼斯工业指数仍然从 66 点上涨到了 11497 点。这表明，股市从长期来看总是向上的，所以没有必要过于关注眼下的一时涨跌。

巴菲特的结论是，从长期来看，股市总是不断向上发展的，只要耐得住性子做长期投资，就不用过分担心投资亏损。

巴菲特成了全世界股民心中的上帝，一个神，而秉持着类似理念的李大霄，则充满争议，用他自己的话来说：“涨了都没我什么事，跌了却都是李大霄的错。”

究其始，大概是因为巴菲特有着显赫的、无人可敌的投资战绩，而李大霄则只是一个分析师。这个市场终究是以成败论英雄的。

在瞬息万变的资本市场，在财富的盈亏生灭中，李大霄作为一个分析师，不能不时时发出声音，试图解读市场。然而没有人可以预见市场，即便是巴菲特。

所以李大霄注定会出错，即便巴菲特的理论，长期来看他必然是正确的。

所以大跌的时候，李大霄的观点总是显得那么刺目和不合时宜。投机者需要的是精准的判断，要依据 K 线、资金、波浪、机器、智慧、决心等一系列因素决定投机的成败，李大霄简单的坚持显得如此笨拙。

所以投机者依然可以以李大霄为反向指标，而盈利44%；也依然可以有人相信他的观点，一直坚持到现在，也继续盈利；更可以在多空之间左右摇摆，结果或左右逢源，或左右碰壁。

所以在中国股市中，李大霄注定是一个被误读的角色。充满争议，并且可以预见，将依然遇到无数的争议。

而市场上的投资者和投机者，将依然为了财富的生灭盈亏，上演出一幕幕悲欢离合的戏剧。

《网易财经》 2014年10月31日

原标题为《李大霄致空头：A股大时代来临 别和中国股市作对》

“这是纳斯达克泡沫爆破前的水平”

在央视《对话》节目现场，围绕A股是否有泡沫、后市是否继续走牛的热点，英大证券首席经济学家李大霄因持有不同观点与现场其他嘉宾展开了争论。

一年前的4月，中国股市还在2000点左右挣扎；今年4月8日，沪指就在时隔7年后再次站上4000点整数关口。4月20日，沪指一度创出4356点新高，沪深两市当日成交额再度刷新历史纪录，两市合计成交达到18025亿元，其中仅沪指成交就首次超过万亿，达11476亿元。这一天量成交额，导致很多最大成交金额显示仅设置为10000亿的交易软件“爆表”。

2012年7月，针对当时A股跌跌不休的局面，当时被舆论封为“多头司令”的英大证券首席经济学家李大霄在媒体上表示，当时的2132点是中国股市的第四个“历史大底”（编者注：前3个分别是325点、998点、1664点），也即“钻石底”的观点，他预测中国证券市场从此将步入一个真正的牛市，中国A股将永别“钻石底”。

从2014年7月至今的这波牛市，似乎验证了李大霄的预测。然而，时至今日，这位昔日的“多头司令”却大声警告当前市场存在巨大风险。在4月19日晚间央视《对话》节目的录制现场，李大霄频频提示当下股市的风险，并与现场的其他嘉宾激烈讨论。

争议1　当前股市泡沫太大了吗?

据公开数据显示，经过半年的震荡上行，截至4月20日，沪深两市的平均市盈率分别攀升至21.4倍和47.9倍左右，更有部分个股的动态市盈率超过千倍、万倍；沪深两市融资余额近1.73万亿元，这意味着从券商手中借钱炒股的人越来越多。有人开始担忧，现在的股市泡沫是不是太大了呢?

“我觉得泡沫破裂的迹象非常明显，”李大霄开门见山地说，“首先，我们的新开户数是166万户，已经接近2007年‘5·30’(5月30日股票大跌）前后的178万户的峰值。第二，我们现在有1.7万亿元的杠杆（编者注：即借钱炒股的融资余额），杠杆率接近10%。第三，我们现在的成交量是1.55万亿，算下来平均两周能够换一次手，而成熟市场的换手率是一到两年换一次手。我们现在的上市公司的利润已经被换手率消化干净了，我们现在是‘炒空气’，不是炒利润。”

李大霄说：“最后一个，我们高估值的股票太多了，现在股市在4000点附近，100倍以上估值的股票占44.63%，但是2008年股市最高点6124点的时候，100倍以上的股票占42%；我们看到创业板整体估值水平已经接近100倍，这是纳斯达克泡沫爆破前的水平，是人类股市的极限。任何一根针有可能把这个泡沫刺破，比如扩容、新三板转板等等。”

李大霄的观点没有得到在场其他嘉宾的认同。2012年曾经支持过“钻石底”观点的财经评论员侯宁当着李大霄的面回应说：“本轮行情与2007年比有不一样的地方，这是李大霄不理解的。中国股市目前已经注入了新的经济元素，比如克强总理说的‘互联网+’、新能源、新材料等等。现在上涨更多体现出我们对中国梦的一种殷切期待。国际上我们‘一带一路’战略在继续实施，亚投行建立得到世界各国踊跃响应，这些东西助长了股市的上涨。”

争议 2　股民数量近一亿，现在入市晚不晚？

对话现场一名“90 后”大学生股民说，自己去年将出国的钱投进股市，目前已经翻倍了。根据中国结算披露的数据显示，从今年 3 月 16 日至 4 月 17 日，连续 5 周新开户数超过百万，截至 4 月 17 日，A 股账户数累计为 1.98 亿户，按每人都拥有沪深账户计算，约 1 亿中国人是股民。面对这股全民炒股的热潮，现场的嘉宾意见不一。

知名财经评论员水皮说：“现在进创业板，做好套 15 年的准备。”

侯宁则说：“开户永远不晚，入市晚了。”

对于大学生炒股，现场一些比较激动的嘉宾甚至认为，这是让中国的未来不务正业。

对于这些“入市已晚”论，某财经评论员在现场高呼入市不晚：“中国股市远比你想的好！”

他说：“大家都被单一的数据误导，看到之前股市最高是 6124 点，而现在 4100 点，从指数上看似乎都被套住了。但是，换一些指数观察市场，你会看到，A 股涨得不是好，而是非常好。比如中小板指数，中小板指数在 2006 年 1 月份时推出，基点是 1000 点，现在是 8500 点，9 年时间这个指数涨了将近 8 倍。中证 500 指数，在牛市最高峰的时候是大概不到 6000 点，现在差不多 7000 点，也超越那个位置。在 A 股的时间长河里，大量小股票获得了超额收益，而且这种超额收益是牛市和熊市综合统计下来的。所以，现在进入不晚。”

听了林耘的发言，另一位在炒股界有名的散户“空空道人”也认为入市不晚：“一轮股市有一轮要解决的问题，中国股市和美国不相关。前一轮股市高涨是解决国有企业股权分置改革的问题，这一轮要解决的是地方债问题。目前，地方政府债务压力大，而企业的转型，经济的转型，都需要大量的钱，而且用李总理的话说，是要低成本钱，这个钱从哪里来？只有从股市，现在入市不算晚。”

“空空道人”不仅认为现在入市不晚，而且，在他看来，牛市刚刚开始，他认为政府批准一个人最多可开20个证券账户就是一个积极的信号——“听政府的话才能赚到钱。”他说。

对于这些“入市乐观论”，李大霄再度举起了风险警示的大旗。

李大霄说：“普通投资人现在入市，风险巨大。”他再度向股民警示风险，他强调：“第一，不能卖房炒股，我再说一句，卖房炒股是大忌。第二，不能退保入市。第三，不能将生活所需入市，学费买股票是绝对错误的。证监会肖钢主席最近的表态非常明显，要消除风险。”

在场的另一名学者华生也支持李大霄的观点说：“大家普遍把本轮牛市看做政府的鼓励市，这恰恰就是本轮行情的危险之处。本轮市场由于有巨大的杠杆，不管在哪个点发生转折，下跌必然会是剧烈的。至于一人多户的政策，只不过是一种便民行为而已。”

争议3　本轮牛市会否创新高？

预测股市可能是在场众嘉宾都曾经面对过的问题。在刚刚过去的几年中，李大霄一直看多中国股市，又被称做“多头司令”。

可是如今在节目录制现场，多数嘉宾都坚定看多，曾经在2012年不支持李大霄“钻石底”观点的某财经评论员，对后市走牛充满信心。

该财经评论员看涨的理由：“目前为止，本轮股市其实已经走出了一个相当完整的牛市的趋势。那么上证综指能否突破6124点创新高呢？我认为，最重要的是要给它一个时间。传统行业现在都处在转型期，例如中国石油（601857. SH），2014年比2013年少赚31%，这一块暂时不容易出新高；但是要注意股市中的新兴力量，新的产业、新的形态会推动股指创出新高。”

对于现场近乎一边倒的看涨势头，李大霄不为所动，坚信股市回调的日子不会太远。

李大霄给出的理由是：“上一次股市在6124点的时候，中国在办奥运，大家说期待 8848 点，还有一万点不是梦的猜想。出来这些猜想，就是终极大顶了，因为这时候风险就近了。至于突破 6214 点再创新高，我觉得是远期目标，不是近期目标。股市会有回调，但是回调之后、泡沫消除之后，经济跟股市是能够结合在一起的，经济才能推动股市。现在是股市先起来了，我们等待经济的成长，但经济和股市最后可以走好。”

《中国经济周刊》　何方竹　2015 年 04 月 28 日

原标题为《李大霄舌战多头：“这是纳斯达克泡沫爆破前的水平”》

李大霄坚称“地球顶”到来　神鸟托梦连喊三声“顶”

6月2日，沪指在4800点整数关口获得强支撑，全天震荡上行，并成功收复4900点。截至收盘，沪指涨1.69%报4910.53点，两市成交量达19729亿元。另外，创业板再创历史新高，两市超过400只股票涨停。

针对本周市场的强势反弹，和讯网连线一直提示“地球顶”到来的英大证券研究所所长李大霄，他对于A股行情仍然保持谨慎，再次重申判断地球顶来临的五大理由。

首先是市场估值水平已经达到极限，主板中超过89%的公司市盈率超过了80倍，创业板平均市盈率达130倍，结构性的风险非常大，局部风险已远远超越了6124点时水平。不过部分权重股估值仍然较低，由此可见两级分化严重，绝大部分股票已经偏离正常估值水平。

第二个理由是中央汇金在减持，这也是地球顶的迹象。消息显示，中央汇金于5月26日在A股场内减持工行和建行，金额分别为16亿和19亿。而与此同时，新股民却在不断加码。

第三个理由是多家上市公司高管和大股东在大幅减持。数据显示，今年以来产业资本已经减持2601.65亿元，其中，大股东减持2304.95亿元。

第四个理由是注册制的序幕已经开始，类似中国核电、国泰君安这样的大股票开始发行，而“发一家大股票的规模等于发50家甚至

100 家小股票”，所以供应的增加使供求关系从极端的供不应求变成供求平衡。李大霄在社交媒体中称，“小心中国核电成为第二个中石油”，同时还要“非常小心紧跟后面的成为第三个中石油”。

第五个理由是收杠杆的行动开始加大，从收缩伞形信托到配资再到控制融资规模，监管层在全方位收杠杆，而这些都意味着了地球顶的到来。

另外，李大霄表示，市场双向交易布局已经完成，多空双方从点到面开始排兵布阵。投资者应该在“钻石底”最悲观绝望的时候进场买股票，在最狂热的时候保持一份冷静和审慎，更多地去考虑如何保护自己的胜利果实，从进攻进入防御，从高杠杆变成零杠杆，一定要把养老钱留住。

之前，李大霄还在微博上说：“昨晚，一只小鸟敲了敲我的窗，叫了三声：减、减、减……”，今天，他又更新称，那只小鸟又敲我的窗，笃定地说：顶、顶、顶……

《和讯网》　许祯　2015 年 06 月 02 日

该抱住哪些票?

“2015 年市场规模会急剧扩大，单边市下半年变成双边市，机会在波动的下限产生，风险在波动的上限出现……结论是从进攻变成防守。”6 月 13 日下午，在永安期货举办的“2015 宏观经济形势与金融衍生品风险管理报告会”现场，英大证券首席经济学家、“地球顶”的提出者李大霄，做了《中国股市的机会与风险》主题报告，并接受了本报记者的专访。李大霄认为，除了金融、地产类的蓝筹股可以谨慎持有，绝大多数股票都到了应该收获而不是播种的季节。

“杠杆不是好东西”

“先给大家提一个问题，大多数人是对的还是错的？错的！大多数人为什么错？因为没有分清楚哪个是黑的，哪个是白的，哪个是好公司，哪个是坏公司。”李大霄以这种方式作为开场白。

以预测“钻石底”闻名，又以提出“地球顶”饱受争议的李大霄说，一个行业总得有一个人在最悲观、最绝望的时候，告诉大家一点希望。在大家非常狂热的时候，总得有一个人站出来，告诉大家需要冷静，而不是相反。

“以前曾经告诉大家，千万不要在 48. 6 元的时候买中石油，因为这个时候回报期要 100 年。此后，中石油从 48. 6 元回到 6 元。要防止下一个中石油的产生，买次新股相当于 100 元钱买中石油。中国核电刚上市，现在是上涨的过程中，它一开板就是第二个中石油，更不要买将要上市的那个同行（指国泰君安）。”李大霄表示，现在买创业板相当于300元钱买中石油。中石油的回报期要100年，创业板的回报期，静态股息回报期要769年。

李大霄建议，把创业板的资产配置比例降到1%以下。“创业板的上市门槛比主板要低，业绩成长比主板要低，退市比主板要严格，凭什么比主板要高那么多倍的估值呢?”李大霄说，股市的泡沫不仅反映在创业板，主板也有很大泡沫，价格过高的小盘股、次新股、垃圾股、题材股、伪成长股等都有泡沫。小盘股要598年才能回本，次新股要806年才能回本，垃圾股要2132年回本，如果以20年一代人的高生育率来计算，要100代人才能回本；伪成长股要135年，题材股要608年才能回本。既然说是题材也就是没有业绩的、概念性的、没有落到实处的噱头。远离这五类股票，方能实现幸福美好人生。

李大霄还有一个观点是，一定要慎用杠杆，不管是做期货也好，做股票也好，做任何投资也好，杠杆的控制是非常有讲究的。要非常谨慎，杠杆不是什么好东西。

“地球顶”不单是指数

“第一个人制造泡沫，第二个人鼓吹泡沫，带着一群享受泡沫的人，沿着创业板这条小路登上了珠峰，突然这群人发现前两个人早就下山了，而且把登山梯给撤走了。”李大霄举例说，因为现在买创业板股票，相当于拿着1元钱换0.078元的交易，而很多人不知道这个交易成本。

李大霄表示，2015年全球的经济情况会有一个明显的好转，其中美国经济2015年比2014年要有一个非常大的飞跃，它将要步入一个加息的通道。而统计显示，我国的企业实际融资成本，现在是往下走的。5月份楼市也在转向往上走，作为国家经济的风向标，市场企稳的信号已经出现。

"与此同时，中国股票的'地球顶'已经形成，它是估值水平已经到了极限。"李大霄举例说，股市风险超过6124点有五个理由：有58%的公司PE超过100倍，成交量远远超过了6124点，融资余额超过了6124点，而双向交易也已经建立。6124点位的时候，双向交易根本没有建立。而我们最大的是第五点，就是流通市值，流通比例已经超过了83%。

李大霄对记者表示："这次的炒股热潮，参与的广度已经超过了全球市场，我们有2亿人参加这个游戏，一定要非常谨慎和小心。市盈率40倍跟50倍的股票非常有可能成为'有毒'的金融资产。而现在的A股市场在5164点，除了沪深300之外的2372家公司，它的市盈率是84倍，已经超过了6124点的82倍，股息率是0.27，它已经低于6124点的股息率。"

在李大霄看来，随着股票供应的增加，国际化双向交易等政策的出现，A股绝大部分股票的长期估值顶峰已经形成。所谓的"地球顶"是这个意思，而不是单指大盘指数，因为指数经过调整还会上行，而股票经过充分的调整还会再度超越。

全球市场首推港股

"如果青岛有一套房子，在A股买1000万元，但是我在港股买300万元，而且还是港币，觉得在哪里买比较合算?"李大霄说，股票市场现在就有这种情况，在A股买一股，在港股用港币都可以买三股。全球市场来计算的话，第一推荐恒生国企，第二推荐恒生指数，第三推荐上证50，第四推荐沪深300，是这么个排序。港股在全球市场里面都是有比较优势的，是这么一个情况。

关于下半年的走势，李大霄认为要控制风险：下半年的资产配置，股票明显优势已经减弱，应该将股票、债券和现金均衡配置，股票类的资产吸引力将下降。

行业配置方面，李大霄认为，现在只有两个行业，或者是只有两个多一点的行业稍微低一些，像金融和地产等。传统行业在估值过度下跌的修复期。“金矿在哪里？金融行业，相信一定会有一个伟大的银行家出现，相信从一个小的区域性银行变成一个全国性银行，再变成一个全球性的银行，再变成一个全能的金控机构，这种银行家是会诞生的，而且会逐渐冲出国门，脱颖而出。特别小心不要买军工股了，因为它太贵了。”李大霄说。

对于地产股，李大霄说：“这一波地产股的涨幅还是相当惊人的，比如万科 A、保利地产、招商地产、金地集团主流的这四只股票，它已经是恢复性增长了，但是还没有泡沫。现在 5 月份的销售数据是好转了，销售面积‘由负变正’是 5 月份开始的。深圳就不用说了，为什么我看好深圳的地产商？深圳的房子可以说现在是日光盘。”

■警示风险

大股东减持，新股民却进场

“投资有两个逻辑，一是赚另外一个投资人的钱，二是与上市公司共成长。第一个逻辑，我们要比另外一个投资人技巧更高。第二个逻辑，你要对你所了解的上市公司更加了解。”李大霄指着一张图片说，“这是前天高考完的时候，一群高考刚刚结束还没有放下书包的考生，去开户了。该买还是该卖呢，大家要好好想一想。”

李大霄介绍说，有一个非常严峻的问题，就是大股东大减持的量已经超过了 2000 家，而增持的量不到 200 家。也就是说现在“减”和“增”的比例是 10 比 1。“再说说注册制。证监会以前是每个月发 10 家公司，现在将 10 家公司扩展到 30 家，再扩展到 50 家的时候，再扩展到中国核电、国泰君安的时候，一个国泰君安等于 65 家小公司。当国泰君安发行的时候，注册制的序幕就已经开始了。”李大霄说。

李大霄还表示：“2007 年为什么会下跌？因为中石油发行之后，供求关系发生了彻底改变。为什么2009年会下跌？因为融资额创新高。而现在已经逼近了2009年的融资额，当把国泰君安的数据加上去之后，就有可能等同于中国石油的那一点上的高位。当供不应求转为供求平衡之后，市场就有可能会从一个高估值水平慢慢回到一个合理水平。”

李大霄对记者表示，现在是大户在卖，散户在买，老股民在撤退，新股民在进场。要注意，老股民是用经验跟血泪换回来的经验，而新股民交学费那是必然的，为什么？因为他们没有经验。我们把仓位建在“钻石底”上，应该越往上涨，杠杆越低，越往上涨，仓位越小，是这么一个结构。

“投资就是一种修行，不管是做期货也好，做股票也好，投资就是一个磨炼我们自己的过程。现在又有声音说：‘李大霄，投降吧’，而我说绝不投降。我告诉大家，‘钻石底’需要勇气，‘地球顶’需要淡泊。老股民要珍惜，新股民要珍重，这是收获的季节，不是播种的季节。”李大霄告诫股民说。

■对话

股市盈亏自负，没有“国家牛市”

被脸谱化、妖魔化的李大霄，演讲轻松自如，逻辑清楚严密，现场不断传出一阵阵笑声。不过听众和记者也没有给他什么面子，而是直奔主题，现场“拷问”被戏称为股市“猫头鹰”的李大霄。

记者：很多人都说现在是“国家牛市”，国家需要一轮牛市来重振经济，你对此如何看待？

李大霄：“国家牛市”的提法是不合适的，我也没听哪个部门哪个政府负责人说过，严重地讲，“国家牛市”的说法，是很危险的。股市还是要客观理性。投资者是自负盈亏，以为国家信誉、国家政策会为牛市背书，这是错误的，也没有哪个权威部门说过股市会只涨不跌。

记者：有一种说法是，股市好了利好经济，可以减轻中小企业融资压力？

李大霄：想利用牛市解决企业融资难，可能仅仅是一种愿景。股市为何会从6124点跌到1664点呢，难道政府希望它下跌？经济新常态并没有说股市不能跌。至于中小企业融资难，是另外一个问题，是达不到条件，银行不愿意贷。可以通过减免税收、中小企业基金、创业基金来扶持。

记者：你说金融地产股可以持有，现在还可以再买吗？

李大霄：和“钻石底”相比，金融、地产与其他行业相比，涨幅相对较小。民生银行从3元到10多元，农业银行从2元涨到3元多，虽然幅度不是特别大，但是体量大，总的增长已经不少了。注意，说的是可以持有，不是可以现在购买。

记者：你不让买创业板股，但很多代表未来发展的公司都在创业板？

李大霄：大家一定要注意这里有个误区，我们的创业板是不分行业的，千万不要把我们的创业板等同于纳斯达克。纳斯达克是高科技企业上市，它是有行业限制的，我们的创业板是没有行业限制的。我们的创业板是什么行业都可以上市的，比主板上市的门槛要低而不是要高。要注意这一点，不是什么股票都可以买，而且什么股票都比主板要高那么多的情况下，它的风险是存在的。

记者：你屡次提到“地球顶”，是不是断了大家的财路，为什么“地球顶”的数据一直在改，一直在提高？

李大霄：我提“地球顶”就是保护大家的财富。“地球顶”为什么会提高呢？这我第一次提出“地球顶”的时候就声明，指数经过调整之后它还会上行，我讲的是绝大部分股票的估值水平到了整个地球的高点，不代表“地球顶”这个指数不能浮动。指数一定是浮动的，但是估值水平到了一个极限之后，它是不可能再超越的。

“地球顶”是波动了一下，但是我非常自信地认为，中国股市绝对不会游离在世界股市之外。我非常欣赏证监会原副主席史美伦讲的一句话：她说，我不知道什么中国特色，我只知道中国的投资人一样有投资回报的要求。

我觉得中国的投资人比其他国家的投资人有更强烈的回报要求，我不认为中国的投资者愿意等待 370 年回本，只不过很多投资人不知道这点而已。这是我对中国投资人的理解，所以我觉得“地球顶”定了。

记者：前几年劝大家不买房子的人，事后证明都是错的。你现在说不买股票，会不会也是错的？

李大霄：确实，前几年就应该买房子，我也这么认为。再告诉大家，前几年的时候，任志强跟吴晓求老师打了一个赌，任总说买房子，吴老师说买股票，我在这个赌上再加了一个赌，我说买房地产股票，比他们两个更牛。

为什么我提“钻石底”？那时候 1 块钱能换 2 块钱净资产，那时候遍地皆是好股票，只有“钻石底”才可以买股票，我非常坚定地认为，“地球顶”绝对不能买股票。

记者：您怎么看港股？

李大霄：港股牛市起来的最大一个契机是沪港通，当时沪港通一开始有声音的时候，我第一个反应，沪港通会带来大量的牛股，当时 AH 的溢价指数是 88，现在是 142。港股后面的市场我还是看好的，港股是现在地球上所有股票市场最便宜的。我可以很有把握、很精准地告诉大家，港股市场是现在所有的、全球的主要市场里面估值最低的，其中是香港恒生国企股 ETF，是我向大家推荐的第一个板块。

第一推荐内房股，就是香港的内地房地产股，我们现在 1 块钱还能买到2块、3块钱的地方，只有内房股。第二个是B股。我跟大家说一个情况是李兆基，他告诉大家，现在不要买房子了，房地产有折价，但地产股票没有折价。

《半岛都市报》　姜振海　娄花　2015年06月15日

别太恐慌，3000点是地平线

——著名“空头”李大霄接受本报记者专访：部分蓝筹股已回合理区间

“市场从2132点的‘钻石底’回到5176点地球顶后，在逐步回落下行，重新击穿‘钻石底’的概率非常低”，8月25日下午收盘后，因成功预测股市底部成名，又多次唱空股市而饱受非议的英大证券首席经济学家李大霄，接受本报记者专访表示，从更长的时间轴来看，3000点已是地平线，没必要过分恐慌。

跌破3000点，是否已入熊市？

记者：今天（8月25日，下同）大家颇为关注的3000没有守住，有人由此认为短期看大盘已经失去了有效支撑，这是否意味着牛市已经终结，开始进入到熊市时间？

李大宵：不能用“熊市”这个词，但是可以表达一个同样的意思：市场从5176点以来，总体来看是处于一个下行的阶段。从2132点的“钻石底”到5176点的地球顶之后，股市处于回落过程中。如果没有不可抗力，应该不会重新击穿“钻石底”，如果将时间轴拉长看，3000点也许是地平线。

对于已经在股市里的股民而言，还是要坚持理性和价值。这才是生存之道，如果光是一味投机性操作，风险是在加大，而不是减少。

随着以后的经济成长，一些蓝筹股会得到业绩的支撑，一些靠题材、讲故事的股票，会从炒作、虚高到价位回归。

降息降准政策出台之后，股市会稳定住，短期行情会有反弹，至于能否改变股市下行的趋势，要一步步研究。如果利好遭遇市场的无视，后续的招数也会出台，都要一步步来。但是可以肯定的是，千万不要怀疑政府的能力和决心。

闭眼去抄底，该不该抢反弹？

记者：现在身边有两类股民，一是认为下行趋势已经确立，要快刀斩乱麻，哪怕是跌停价也要抛出手里的股票；另外一种认为，3000点以下已经是政策底的极限，8 月 26 日开始可以闭眼抢反弹，您对此有什么看法？

李大霄：首先大家不要不计成本卖出股票，有些低估值的好股票，不要在恐慌时抛掉。有句话叫：倒脏水时，不要把婴儿一起倒掉。我在这里说的“婴儿”指的是低估值、有成长空间的好股票。

现在股票两极分化严重。就蓝筹股而言，一部分蓝筹股经过大幅下跌之后，已经回到合理区间。但是也不是所有的大盘蓝筹股都是优质股票。比如说中国中车合并复牌之后，我就提出防止第二个中石油的出现。

我一直在说“黑五类股票”：价格过高的小股票、次新股、垃圾股、题材股、伪成长股，这些股票也挤去了部分泡沫，但价格虚高问题仍然存在。个人认为，“黑五类股票”还有下行区间，需要较长的时间去消化高估值。小股票要 598 年才能回本，次新股要 806 年才能回本，垃圾股要 2132 年回本，伪成长股要 135 年，题材股要 608 年才能回本。不少题材股也就是没有业绩的、概念性的、没有落到实处的噱头。

我也不赞成闭眼抢反弹。首先要精选有业绩支撑、有成长的股票。另外我也一直强调，现在不是全仓买股票的时候，“钻石底”才是。到那时候，1 块钱能换 2 块钱净资产，那时候遍地皆是好股票，才可以放心买，大胆买。

绿油油一片，国家队在哪里？

记者：此前证监会发言人表示，当市场出现剧烈波动，可能引发系统性风险时，证金公司将以多种形式维护资本市场稳定。今天网络上又有传言称，证监会表示不再干预股市涨跌，而是致力于创造公平、公正、公开的市场秩序，这被很多人解读为国家不再救市。你怎么看待这种观点？

李大霄：证监会说不再干预股市涨跌了吗？这个消息有待核实，至少我没从权威媒体上看到。很多人看到股市的大跌，就认为国家队已经离场，或者不再出力，其实这是错误的。从今天的盘中来看，有几次上攻的机会，应该就是国家队的动作。尽管最终没有守住 3000 点，包括中石化、中石油都跌停，我觉得国家队之前建立的稳定市场机制，还在发挥作用。

中国的股市跟其他国家的股市不一样，股市里面的企业有国企、央企等，国家还有很多牌可以打。基本上每次救市，国家队都是主力军，而且国家队救市成功过很多次。从盘中来看，今天的股市运行中间已有反弹的迹象，已经有了动静。

国家已经出手救市了，呼吁大股东和高管也要出力，之前 100 元减持的股票，现在只剩 20 元了，原来卖一股现在可以买回来 5 股，既赚了钱，又赚了股票，又稳定了股市，这么好的事，为什么不干呢？

熔断制救市，该不该拿来用？

记者：今天股民们讨论的一件事是，8 月 24 日，标普、纳斯达克和道琼斯股指期货均跌逾5%，触发熔断机制，美国三大交易所股指期货暂停交易。中国股市的维稳是否也可以采取这一方法，能不能叫停股指期货交易？

李大霄：这次股票市场的大幅下跌，重要原因是美联储的加息预期，导致资产价格进行重新定位，应该是全球股票市场共同面对的问题，仅仅靠中国单个国家救市还不能切断悲观气氛的连环传染，需要多个国家一起救市才能达到稳定的目的。所以我呼吁G20国家再度携手，紧急救市。

至于要不要向美国等国家那样，采取熔断机制，一旦暴跌就暂停股指期货交易，这个要重新研究，不是一时半会就能研究制定出来的。采取什么样的规则，怎么实施，需要仔细研究论证，不能说美国有了，我们就拿来用。从外围来看，全球股市已经开始反弹，不过反弹力度偏弱。

国家刚刚出台的降息降准政策，目的是维持货币市场的宽松环境，利于降低企业融资成本。这是重大政策，利于稳定经济、稳定房地产市场、稳定股市，也利于全球股市稳定。这是中国对全球经济和股市市场的稳定做出的重大贡献。

走势未回稳，散户该怎么办？

记者：今年的6月15日，您来青岛演讲时指出“跟着国家走，吃喝啥都有”，建议跟随国家和上市公司大股东的脚步，减持手中的股票，从进攻变为防守，不少股民已经受益。那么在这种震荡的行情之下，您认为散户应该怎么操作？

李大霄：对于散户而言，还是那句话：“‘钻石底’要买，‘地球顶’要卖。”上次听讲座的人，肯定受益了，现在也经历了从“地球顶”到“地平线”的一个轮回。我的观点仍然是“跟着国家走，吃喝啥都有”，在国家需要的时候我们投资，这个时候意义更大，这个时候胜算更高。还有一个观点是“跟着大股东走，吃喝啥都有”，我们不要跟大股东的方向相反了。

股票投资，其实是人综合素质的大比赛。对于散户来讲，股票投资，一定要量力而为。投资者需要理解的是周期性的波动是客观规律，是不以人的意志为转移的，我们对这个事实应该充分理解。

《半岛都市报》 姜振海 娄花 2015年08月26日

后 记

1929年大萧条的时候，出于安全的需要，很多人将钱藏在墙洞中，在战乱时期有人将金银埋在地下，我儿时曾经看过家乡扩宽街道时挖出大量银元宝。在金融危机的时候，很多人纷纷将资产放进国债中，致使全世界的债券市场都出现一个非常低的收益率，美国的短期国债甚至还出现收益率为负数，这是一个极端的情况，说明民众的恐慌程度已经到达一个高点。在战乱及大萧条时最恐慌是埋在地下及墙洞中；在和平时期的恐慌最高峰是将国债买至负收益率。

2008年后，各个国家的救助方法是选择开动印钞机。财富的总量在一个短时期的变动是不大的，但短期货币迅速增加时，这样货币的含金量就会大幅减少，因此，在货币贬值的过程中如何保护自己的财富就变得非常必要。当大众明显感觉到自身资金遭受贬值的威胁时，就会不断将货币从银行和债券中移出，转到收益率更加高的资产中，只不过这个时间的资产价格就远不如危机最严重的时期便宜了。

投资的理解层面有好多，首先是从需要的角度来分析，从国家需要的角度看，什么时候国家最需要？金融危机最严重的时候；什么时候国家不需要？泡沫盛行的时侯。在国家最需要的时候，选择挺身而出还是落荒而逃？这是每个投资者不同的选择，自然也有不同的投资效果，思想境界决定投资高度。

其次从责任的高度来理解，如果危机使最基本的投资品失去意义，世界将处于前所未有的动乱之中，还有什么载体可以保有财富？在危机中大肆鼓吹恐惧的人是利用危机收获名声，缺乏的是最基本的责任；虽然是权威，现在还是。

再次从市场层面分析，大量资产处于高位的时候，此时买进股票就像买进了松软的棉花，而在优质股票非常便宜的时候，此时买进像买进压缩饼干。此时用全部的积蓄低成本地换取好企业及好房产，这就像播种下希望的种子。

随着经济的渐渐恢复，投资人的风险偏好也会渐渐加大，会有越来越多的人选择股票进行投资，发达经济体的资金流向成长性较好的新兴市场。房地产价格因为利率的走低而出现回升，因为房价下跌而产生的一系列衍生品的问题会渐渐得到解决。债券市场会随着经济复苏恢复到常态，资金的流出就成为大概率事件。这段时间的利率水平还不至于太高，货币市场的回报也不是非常有吸引力，资金可能从债券市场会慢慢流动到股票市场，市场风险偏好会慢慢提升。

当然，各个国家中央银行也会顾忌过度印钞的负面影响。如果出现恶性通货膨胀的危险，货币政策可能出现根本性的转向，例如用极端的高利率来加以应对的话，届时就要重新研判了。

至于资产配置的选择，首先是选择国家。英国等老牌国家已经很长时间是没有创新，美国虽然还有创新但人力成本太高，像日本一样面临产业空心化问题，而且寅吃卯粮已经太长的时间，现阶段和更加长的时间内应该是慢慢恢复及还债的阶段。而新兴国家经济活动蓬勃，特别是中国应该是首选。中国已经悄然成为全世界第二大经济体，我们不用太长的时间，也许会与第一大经济体渐渐缩小差距。在这个过程中会涌现出大量的投资机会，而一大批赚了钱就急忙逃离中国的人就注定无缘再继续享受这些机会了。

我国在国际化产业转移过程中存在大量的机会，我国已悄然成为汽车生产消费第一大国，我们的高铁有可能在全世界范围内具备竞争力，我们的建筑业也出现了全世界第一大产值的企业，我们的工程机械及家电业也具备国际竞争力，我们有38个城市同时进行地铁建设，我们的城市化水平仍然处于中低位，我们仍然处于人均7000美元的加速发展阶段。在飞速发展的过程中，一大批的中国企业会迅速崛起，他们从非常小的小企业渐渐成长为全国性的大企业，再慢慢成长为国际性大企业。而伴随这些企业成长壮大，坚持全过程投资的人就有机会享受非常丰厚的投资回报，这才是真正的完美投资，这才是投资真谛。

也许会有很多读者说，你的方法很好理解，但大多数的人还做不到，这说出了难点，也点出了问题的实质。这是一个看似简单，但实施起来非常难的过程，需要慢慢修炼才能够百炼成钢，这就是写这本书的目的。

投资的方法众多，各种投资方法都有众多的成功者，并无高低之分，只是不同的方法适合不同的投资人。每个人有不一样的认识、修养、底蕴和胸怀，这决定了他的高度，这需要时间，需要慢慢体会。

作为一个从事证券研究的工作者，怎样做才能对他人有用？在寒冬中送温暖，在盛夏中送清凉，这样才能有正面的作用，而相反只能够起负面的作用，只不过这样做的话，就要付出相应的代价，而且这个代价不轻，在钻石底的时候，在一片悲观气氛中，我选择了送温暖，但不屑、讥笑、嘲笑、讽刺是正常的，谩骂、骚扰、恐吓、威胁、举报是极端的，但是，当收到众多粉丝支持的时候，我坚持了下来。

一个粉丝留言："在最艰难的时候，每天晚上看着你的微博，才挺了过来。"另一个粉丝的留言更加令人动容："我的一只脚已经踏上了天台，看了你的微博，才把脚收了回来。"

重要的是，我坚定地相信国家，相信常识，相信未来。

而当股票市场从寒冬进入了盛夏，新股民纷纷入市，到处都在谈论股票，新股民开户已经达到狂热的阶段。大学生也入市了！我忧心忡忡。

郁金香的味道越来越浓，泡沫的影子越来越清晰，听到泡沫破裂的声音越来越近，也许鼓吹泡沫声音足够强大，也许新股民足够无畏，也许泡沫还能维持一个短暂的时间，但泡沫终会破裂，只可惜了新股民。

当创业板出现了狂热，市场陷入了一种不可自拔的恶性循环，我在微博上写下了这段话："有一个人制造泡沫，另一个人鼓吹泡沫，带着一群享受泡沫的人，沿着创业板小路上到珠峰顶，可这群人突然间发现，前两个早下山了，还把登山梯撤走了……只有一个人，摸着良心，冒着风险，勇敢地说了出来……"

我觉得我应该将真相讲出来，我觉得我有责任将事实讲出来，一个行业，总得要有一个人站出来。

我认为，越是在行情选择方向的时候，越是在飘忽不定的关口，越是需要分析员分析方向的时候，一个鲜明的观点与判断才是真正有价值的，任何模棱两可的判断，任何捣糨糊的观点对听众并没有任何帮助，仅仅是浪费了听众的时间，辜负了粉丝的信任。我坚定地认为，生命是异常宝贵的，我不愿意在模糊中浪费……

感谢王瑛对本书做的大量整理工作，也要感谢我的同事郑罡的协助与配合，感谢经济日报出版社总编辑韩文高以及责任编辑肖小琴在本书出版过程中提出的宝贵建议，有了你们的参与，这本书才得以在结构和逻辑上更加流畅，更通俗易懂，更符合阅读习惯。

由于本人学识有限，如有不当之处，欢迎读者朋友批评指正。

2015 年 10 月

图书在版编目（CIP）数据

李大霄投资战略／李大霄著．—北京：经济日报出版社，2016.1

ISBN 978－7－80257－899－9

Ⅰ.①李…　Ⅱ.①李…　Ⅲ.①股票投资－基本知识　Ⅳ.①F830.91

中国版本图书馆 CIP 数据核字（2015）第 282052 号

李大霄投资战略

著　　者	李大霄
责任编辑	肖小琴
责任校对	孙　楠
出版发行	经济日报出版社
地　　址	北京市西城区右安门内大街 65 号（邮编：100054）
电　　话	010－63584556（编辑部）　010－83559665（发行部）
网　　址	www.edpbook.com.cn
E－mail	jjrb58@sina.com
经　　销	全国新华书店
印　　刷	北京市凯鑫彩色印刷有限公司
开　　本	710×1000mm　1/16
印　　张	19
字　　数	250 千字
版　　次	2016 年 1 月第一版
印　　次	2016 年第一次印刷
书　　号	ISBN 978－7－80257－899－9
定　　价	68.00 元